U0319621

投资智慧

重塑投资认知的35条基本原则

猛虎吻蔷薇 ｜ 著

化学工业出版社

·北京·

内 容 简 介

投资≠投机、价格源于价值、股票取决公司、市场少有理性……

在本书中，作者以巴菲特、芒格等国际投资大师的智慧箴言为引，结合自身二十年投资实践经验，从投机、股票、企业、策略、市场、机会、规律等关键要素出发，深入浅出地探讨了关于投资哲学与实战策略的35条基本原则，为读者呈现了一套完整的投资智慧体系。

《投资智慧：重塑投资认知的35条基本原则》的核心理念在于重塑投资者的认知思维，强调投资不仅仅是对财富的追求，更是对个人成长和智慧的积累。本书不仅适合那些渴望在投资领域取得成功的人士，也适合所有希望通过投资提升个人财务管理能力的读者！

图书在版编目（CIP）数据

投资智慧：重塑投资认知的 35 条基本原则 / 猛虎吻
蔷薇著 . —北京：化学工业出版社，2024.8
ISBN 978-7-122-45722-6

Ⅰ . ①投… Ⅱ . ①猛… Ⅲ . ①投资 – 基本知识
Ⅳ . ① F830.59

中国国家版本馆 CIP 数据核字（2024）第 105490 号

责任编辑：刘　丹　　　　　　　　文字编辑：李　彤
责任校对：宋　夏　　　　　　　　装帧设计：仙境设计

出版发行：化学工业出版社（北京市东城区青年湖南街 13 号　邮政编码 100011）
印　　装：盛大（天津）印刷有限公司
880mm×1230mm　1/32　印张 8¼ 字数 150 千字　2024 年 9 月北京第 1 版第 1 次印刷

购书咨询：010-64518888　　　　　售后服务：010-64518899
网　　址：http://www.cip.com.cn
凡购买本书，如有缺损质量问题，本社销售中心负责调换。

定　　价：68.00 元　　　　　　　　　　　　　版权所有 违者必究

近年来，投资市场形势越发严峻，大家都在感慨投资越来越不好做。很多卓越投资人表示，以前在顺境时赚钱太过容易，现在才是考验能力的时刻。

作为一名投资人，我自 2005 年进入投资行业，从事投资工作已将近 20 年。2015 年，我作为合伙创始人，创立了深圳市中肯私募基金。

一路上，道路崎岖，跌跌撞撞，"学费"交了不少后，我才开始真正醒悟，渐渐明白，投资市场只认真金白银的现实，也渐渐懂得，一个圈层有一个圈层的操作系统。在投资市场，我应该掌握的操作系统，就是必须学会赚钱，而且是真正学会赚钱，并拥有持续赚钱的本领。

于是，我时常反思自己的浅薄，每当这时，我就会问自己，若是"真枪实弹"地玩上一盘投资游戏，我能为身边的人带来些什么呢？我有什么经验可以与大家分享呢？我踩过的坑，有哪些可以让后来者规避呢？

在这样的思考下，我用"猛虎吻蔷薇"这一网名，于个人投资类公众号"闲话投资"上发表每日投资思考，只为传递我自身对投资大师智慧箴言的理解，以及我自身对投资的实际理解。我坚持每日打卡，笔耕不辍，持续输出思考心得，将阅读与写作变成生活的一部分，一方面是为磨炼自己的性格，希望自己更有韧性；另一方面便是自己一直在期待着做出些什么有意义的事情，使自己获得成长。

当我的投资思考通过积累形成一定体系时，理论便具备了框架，我也恰逢其时地迎来了本书的出版契机。

非常高兴本书能够出现在各位读者面前！这本书的出版对我个人的震撼与惊喜是很大的，它让我看到了人生的无限可能，让我明白了，即使像我这样平凡的人，只要能坚持正直做人、诚信办事，凡事有底线，持续积累、终身学习，也一样有机会实现自己的梦想，拥抱更好的自己。当然，这其实也是我用数十年的成长换来的真理。愿我平凡的故事可以给更多人力量和启示，激励大家勇敢追梦，持续成长。

谨以此书献给我在投资领域及人生领域的学习对象——最卓越的投资领袖沃伦·巴菲特先生及查理·芒格先生。

献给那些真诚包容我的笨拙与不完美，始终选择我、相信我的客户、股东和同事们。

非常希望我在本书中分享的投资思考和总结，能为大家带来一些启发与触动，若能为任何一名读者的投资体系提供一些帮助，本书便可算是完成使命了。

感谢读者朋友们的认可，诚挚地祝愿您能由此开启一段美好的人生新篇章。

贾明杰

● 网络名"猛虎吻蔷薇"　●　深圳投资人、自媒体人　●　中肯私募基金公司董事长

目录

第八章 最重要的事

第一章

chapter 1

重新认识『投资』

越不投资，越有风险

避免投资错误的唯一方法是不投资，但这却是你所能犯的最大错误。

——约翰·邓普顿（John Templeton）

邓普顿集团创始人

20 世纪全球十大顶尖基金经理人

曾有分析师做了这样一个资金推算。

假设 40 年前你有 1200 元，如果你用这笔钱买了黄金，现在这批黄金的价值超过百万；如果你买了可口可乐股票，现在这只股票的市值超过千万；如果你买了北京中心地段的院子，现在这座院子价值已过亿；如果你只是将它存入银行，那么你现在只能取出 2685 元，仅仅够买一辆电动自行车……

上面的例子恰好能说明这样一个问题：承担的风险不同，收益自然不同。

高风险带来高收益，然而，当风险超过一定程度时，很多人往往会望而却步，选择低风险，甚至不承担任何风险。

现实中，大多数人都不愿承担任何风险，因此，很多人都选择了自认为最稳当的赚钱方法——工作。然而，完全没有风险的事情是不可能存在的。

美国投资家查理·芒格（Charlie Thomas Munger）认为，整天工作的人是发不了财的，财富是对认知的补偿，而不是对勤奋的奖赏。

因为，对于大多数普通人而言，工作行为一旦终止，收入就会中断，每开启一份工作，就是收入重启，最后发现，工作一辈子，仅仅维持了生存，积累下来的财富很少。而没有财富积累其实意味着更大风险！因为，钱，永远是一个人的基本保障。

在这世上，没有谁的生活会是一帆风顺的。赚得到钱的人，相对而言，不会在逆境时听天由命，不至于在变故面前手足无措。

因此，从本质上讲，工作根本不会带来稳妥，因为它的"隐藏风险"可能更甚，随着时间推移，它会产生"长期贫乏"。

我曾经读过一则故事。

在蚂蚁的眼里，狮子是不务正业、游手好闲的。蚂蚁成天都在忙，从早到晚没有停歇。而狮子只需捕到一只羚羊，就能享受几天，其他时间都在闲逛，晒晒太阳、看看风景。非常可惜的是，有不少人都只是这个故事中的蚂蚁，虽然劳碌一生，但收获微小。

那么，我们该怎样做，才能成为惬意的狮子呢？

在 2019 年伯克希尔·哈撒韦公司 ❶ 股东大会上，全球著名的投资商、"股神"沃伦·巴菲特（Warren Buffett）曾公开表示：愈害怕投资有风险不行动，就注定一辈子赚辛苦钱！

好多投资人都记住了这句话，并把它引申为：投资有风险，但不投资风险更大。投资，从本质上说，是一门比一辈子工作风险更小、收益更大的生意。因此，选择投资，我们才有可能成为惬意的狮子。

在 2011 年致股东的信中，巴菲特给出了他对投资的定义："将今天的购买力转移给他人，而预期在未来收到合理的购买力。"他还更简洁地指明，投资是放弃今天的消费，为了在以后的日子里更有能力消费。

如果你想种一棵树，最好的时间是十年前和现在。

"早知三日，富贵十年"，所以投资理财一定要趁早。

你是选择拿死工资，还是获得"睡后收入"？

巴菲特说："如果你没有找到一个当你睡觉时还在挣钱的方法，你将一直工作到死！"

---

❶ 伯克希尔·哈撒韦公司由沃伦·巴菲特于 1956 年创建，是一家主营保险业务，在其他许多领域也有商业活动的公司。

几乎每一个成年人的人生都面临着两个威胁：一是经济一路向前，存款不断贬值；二是自己越来越老，体能不断下滑。

巴菲特认为，最好的防御是提升个人的赚钱能力。在投资界，一种理想的收益方式是通过长期持有优质企业的股票，享受其成长带来的被动收益。

被动收益，即被动性收入，也称为"睡后收入"，是指不需花费时间与精力，也不需怎么照看，就可自动获得的收入。其范围包括房租、债券、股息、利息、退休金、企业分红、版税、捐赠等。

"睡后收入"体系一旦打造好，就会不停地帮你创造价值，源源不断地给你产生正现金流；布局得当的话，资产每年还可以升值。

通过投资理财，我们可以充分布局，获得被动性收入，改善自己的生活。

对于普通人来说，绝大部分精力都用在了忙于生计和处理鸡毛蒜皮的琐碎事上，能够自己支配的时间非常有限，根本无法节省出时间去思考，去消除信息差。那么，要摆脱这种毫无意义的"穷忙"，实现资产升值，我们就需要提升认知，寻找投资机会。

芒格表示，很多人把穷当成是没钱的意思，但实际上，真正的穷，是思想上的穷。因为没钱不过穷一时，心穷可能就要穷一世。只有思维贫穷的人，才会一辈子都走不出没钱的生活。

芒格认为，要学会像富人那样思考，才有机会像富人那样开窍；像富人那样行事，才有机会像富人那样发达。

正如巴菲特所说，一生能够积累多少财富，不取决于你能够赚多少钱，而取决于你如何投资理财。在他的观念里，钱找人胜过人找钱，要懂得让钱为你工作，而不是你为钱工作。

我想，普通人跨越追求财富的第一道门槛，首先就是要明白这个道理。

投资是唯一最有效的致富方式

> 投资是唯一最有效的致富方式。如果你只是把钱放在银行账户里，不做任何其他事情，那么通货膨胀对个人来说可能是坏事。
>
> ——拉米特·塞西（Ramit Sethi）
> 美国知名个人理财顾问及企业家、畅销书作家

马云曾对他的朋友们说："如果你想年入千万，就一定要去做年入千万的事情。"

在这点上，我有一位认识多年的资深投资人朋友就有一番见解，他认为，买股票就是普通人暴富的工具，还是一辈子不求人的职业，既可以一个人养活全家，也可以让人富甲一方。他对巴菲特的话深信不疑。他认为，做股票不需要很强的能力，只要具

备正常的智力水平就可以发财。在他眼里，买股票就是做投资，投资是唯一有效的致富方式。

现实中，可能很多人的目标并不是一夜暴富、年入千万，但我相信，大多数人的终身奋斗目标，不外乎"自由"二字，工作自由、生活自由、财务自由……

其实很多人创业也是看中了这点。创业不是为了赚多少钱，而是为了有更多的自由和选择权。

不过，选择也要和想实现的梦想匹配。譬如，想要年收入过千万，靠在饭店端盘子是不行的。因为端盘子的服务员里没有年入千万的。

更进一步说，其实很多富商都不能算是实现了真正的财富自由。尤其是那些公司现阶段很赚钱，却需要消耗大部分时间和精力来管理，且一旦他停下来，公司就运营不下去的富商。

那么，哪些人才算是真正实现了财富自由呢？投资者便是其中一种。

其实，那些真正获得财富自由的投资者，往往有一套自动化的赚钱模式。简言之，他们不仅自身能够运筹帷幄，而且他们投资的项目也能实现系统化运作，每个关键环节都通过精细化的流程高效地连通。这样，无论是个人还是其投资项目，都能够在无需过多人工干预的情况下稳定且持续地产出财富。

也就是说，只要这个系统运行起来，我们只需要在关键的位置请专业的人来操作，便可以坐等收入，几乎没有后顾之忧，这样的收入才叫持续性的被动收入。

在巴菲特给年轻人的一些建议里，最著名的一条就是：想要赚大钱，单靠勤奋没有用，要懂得让钱为你工作。换句话说，就是掌握"钱生钱"的思维。

在不少有钱人看来，仅仅通过攒钱很难赚到大钱，利用"钱生钱"的方式，反而有机会赚大钱。

因为每个人都有机会成为有钱人，只不过要懂得灵活变通，跳出原有的既定思维，因为解决问题的方法并不只有一个，可以尝试其他方法，譬如开始投资，或许，我们就会有新的收获。

比做错更可怕的事

> 巴菲特曾说："我们犯过的最大的错误不是做错了什么，而是该做的没做。"

犹太人古训里有这么一句话："一个人老的时候又老又穷，不是他年轻时做错了什么，而是因为他年轻时什么都没做。"这句话竟与"股神"巴菲特的说法出奇一致。

作为当代最著名的投资大师之一，巴菲特以其卓越的投资智慧和长期稳健的投资策略享誉全球，从 11 岁买入第一只股票开始，巴菲特就深谙财富之道，在其长达 80 多年的职业生涯中，巴菲特一直是投资界的神话。

在巴菲特看来，只要不急于求成，合理的投资能让人变得非常富有，但是，只有敢投资的人才拥有成为富人的机会。对他来说，不敢投资的人，虽然不会亏钱，但也注定不会赚钱。

巴菲特甚至表示："我的一生中，从未遇见一位没亏过钱的富人，却遇见许多什么都不敢干而从未亏掉一毛钱的穷人。"

石油大王约翰·洛克菲勒（John Davison Rockefeller）也曾指出，在这个世界上，有两种人绝对不会变得富有：

第一种是享乐主义者，喜欢享受生活，稍微有点钱就开始挥霍。

第二种是保守主义者，只喜欢把钱存进银行赚取利息。这无异于把钱冷冻起来，同时也冻住了自己人生的其他可能性。

生活是平衡的，你不为赚钱辛苦，就要为省钱发愁。

投资其实是每个人的刚需。没有人能完全摒弃"投资"，因为投资贯穿我们整个人生。它不局限于买一只股票、买个没上市公司的股权或者是自己开个公司，它还包括很多其他东西，譬如提升自己、教育子女、锻炼身体……

每一种"投资"都会让我们有所收获。选择投资，能让我们多一条实现财富自由的道路。

划重点

- 钱找人胜过人找钱，让钱为你工作，而不是你为钱工作。

- 小富靠勤劳，中富靠智慧，大富靠投资。要想获得真正的财富自由，可以投资，投资是最有效的致富方式。

- 投资有风险，但不投资风险更大。不敢投资的人，虽然不会亏钱，但也注定不会赚钱。

投资≠投机

投资≠投机

巴菲特告诫年轻人：走好你选择的投资之路，不要选择好走的投机之路。

很多人喜欢用"炒股"来指称投资，却不知真正的投资与炒股有着本质的区别，巴菲特的成功靠的是投资，而不是炒股。

一个人买股票，连所投公司是做什么生意的都不知道，听张三说要涨，他就去买，听李四说要跌，他就去卖，这种行为只能叫炒股。

投资和炒股有巨大差异，炒股在某种程度上可以归于投机，是一种与投资截然不同的行为。

为什么这样说？因为真正的投资者关注的永远是长期利益。巴菲特对此做过很好的解释。

巴菲特有几个非常经典的提问，其中一个就是：如果一只股票现在的价格是 20 元，将来它可能会涨到 40 元，你会不会买入？多数投资者都说会。然后巴菲特又问：这只股票也有可能会先跌到 10 元，然后再涨到 40 元，你还会不会买入？投资者这次的回答则是：那就不会了。

但巴菲特说："我会。"而且他认为这就是投资者和投机者的区别。

从根本来说，投资和投机是两个看起来非常像，其实又很不同的"游戏"。

真正能长盛不衰、源源不断地获得稳定回报的，永远都是投资者，而非投机者。

只要是赌，一定会输

> 芒格曾经这样评价投机者："他们喜欢赌博，问题是，这就像吸食海洛因，有一定比例的人在刚开始的时候就过度了。就是那样让人上瘾。这绝对是疯狂的，它已经发疯了。没有它，文明会好得多。"

以上是芒格在接受伯克希尔·哈撒韦公司投资官托德·康布斯（Todd Combs）的采访时所说的一段话。

芒格认为，股市里大多数人都热衷于赌博，而这种赌博就像"海洛因"一样让人上瘾，没有办法解决。

实际上，尽管投资和赌博目的都是赚钱，手段都是寻找趋势，希望的结果都是"钱生钱"。但投资与赌博不同的是，投资者能够承担结果。

投资，从本质上来说，其原则是避险，从它诞生的那一天起，其目的就是分摊风险。投资从来都不追求暴利，它往往带有"意外"的性质。而赌博的原则是什么？是"两眼一翻，瞪天胡彩"，是"不入天堂就下地狱"，而且久赌无胜家。

买股票，最好的结果是永远上涨，最差的结果是退市清零。但股票不可能永远上涨，只要进入股市，退市清零的风险就时刻都在。这种最基本的亏损，我们是一定要承担的。因此，我们要判断一个人是投资还是赌博，只需要看看他有没有保留能用于承担亏损的资金。如果能够承受亏损，那就是投资；如果不能接受非理想化的结果，那就是孤注一掷的赌博。

巴菲特有句名言："投资有两条原则，第一条原则是保证本金安全，永远不要亏损；第二条原则是请谨记第一条。"

巴菲特之所以这么说，是因为他明白投资的本质。

其实，有很多人在股市耗费了几年甚至几十年，一直都没有找到稳定的盈利模式，为什么会这样？就是因为市场上90%以上的投资者都在赌博！大家都在猜大小，赌涨跌，期待一夜暴富。赚了钱就归因于自己能力强，亏了钱就抱怨市场多变。

投资不是赌博。如果你在股市不断进出，只求几个点的利润，或是不断抛空，进行期权或期货交易，即便你美其名曰"条条大路通罗马"，但实际上，股市对你来说早就成了赌场。

把市场当赌场的人，注定成不了稳定的赢家，因为短期豪赌，能够稳赢的，只有开赌场的。所以，只要涉及赌，就早晚要输。

在投资道路上，最重要的是避开一开始的错误。因为在错误的路上，你怎么用力奔跑、用什么方式奔跑都没用。

避开赌徒心态

> 巴菲特指出："走正道，路越走越宽。"

芒格认为，如果把投资当作在赌场赌钱，以赌博的方式投资就不会做得很好。因为投资追求的是一个长期的结果，而不是像赌博那样立刻就有回报。而拥有赌博心态的人，最在意的就是目前的结果，最缺少的恰恰就是耐心。

我们可以看到，身边很多人做股票投资，其实不是因为喜欢股票投资，而是喜欢赌博的感觉，喜欢做运气测试。芒格对这样的行为和心态并不赞同。他认为：无论做什么，如果胜率对自己不利，就该不参与了。

因此，无论是芒格还是巴菲特，都对赌博者不屑一顾。他们只关心真实价值，对于自己正在交易的是什么，永远有着自己的看法。

只有在企业的价值高于企业的价格时，这两位投资大师才会买入其股票。他们常常等待着企业价格被低估的时刻，然后精准出击，并尝试长期持有。

有人曾经给巴菲特打电话，问他为什么别人不像他一样简单地投资。巴菲特回答说："因为没有人愿意慢慢变富。"

在巴菲特看来，很多人没有变富，就是因为他们不愿意慢慢变富，只想着一夜暴富。但是，要想真正获得财富，往往需要我们选对一个方向，并付出时间陪伴它"成长"。

尽管巴菲特如此强调，但渴望一夜暴富的赌徒心态让很多人都不自觉地被卷入市场洪流，进行着一场又一场短期豪赌。因此，只有避开赌徒心态，我们才能找到财富的真正方向。

那么，怎样避开赌徒心态，甚至反客为主，成为投资市场的主导者呢？

从本质上来说，真正能给投资人带来巨额收益与重要投资机会的，往往是"理性的自己"和"不理性的交易对手"。

在这个问题上，巴菲特曾举过一个打桥牌的例子：打牌的时候，我们最希望发生的是什么？答案就是摸到一手好牌或对手比较笨。

要想把自己的牌打好，需要足够理性，且能够保持良好状态。我们永远要做一名参与者，而非赌徒。当对手比较笨、不会算牌或情绪失控时，我们可以充分利用对方的不理智和赌徒心态，这时，即使摸到一手烂牌，我们也不一定会输。

持续赚钱，而不是只赚一次钱

> 投资股市绝不是为了赚一次钱，而是要持续赚钱。如果想靠
> 一'博'而发财，你大可离开股市，去赌场好了。
>
> ——彼得·林奇（Peter Lynch）
>
> 富达公司前副主席
>
> 股票投资家、证券投资基金经理

社会进步也是资源分配的过程，如何获得可持续的赚钱方法，支持自己过上想要的生活，这些东西要越早想清楚越好。

企业追求可持续发展，投资也是一样。对于普通人来说，随便买一只股票，赌一个 50% 的赚钱机会，是没有任何意义的。靠赌性做决策的投资，从长期来看，付出代价是必然的。而这也是真正的投资大师都不愿意赌的原因。因为真正的投资大师追求的都是持续赚钱，而不是只赚一次钱。

芒格一直提醒广大投资者，凡事往简单处想，往认真处行，品德和品质很重要。一名优秀的投资者，其真正的核心竞争力不仅来自专注力，来自持续性，还来自全局观和长期准备。

有一个与投资非常接近的故事。一百多年前，地球上没有任何人到达过南极点，因此，所有怀揣探险精神及探险梦想的人，

都想成为第一个到达南极点的人。挪威的阿蒙森团队和英国的斯科特团队都于 1911 年 10 月在南极圈的外围做好了准备工作，准备发起最后的冲刺。结果，阿蒙森团队在两个多月后，也就是 1911 年 12 月 14 日，率先到达了南极点，并在南极点插上了挪威国旗。阿蒙森团队作为人类历史上第一个到达南极点的团队被永载史册，获得了一切相关荣誉。而斯科特团队则晚到了一个多月。

这两个团队不光要到达南极点，还要能活着回去。阿蒙森团队率先到达南极点之后，又顺利返回了原来的基地。而斯科特团队不仅晚到了，更糟糕的是，因为延迟到达，他们在回去的路上天气非常恶劣，最后这个团队没有一个人生还。

事后有人总结分析了两个队的策略和准备，发现了非常重要的区别。

阿蒙森团队的物资准备得非常充分，他们准备了三吨物资，而斯科特团队只准备了一吨的物资。一吨的物资意味着斯科特团队在探险过程中必须不犯任何错误，否则这些物资是远远不够的。

事实上，两个团队在前往南极点时碰到的环境是差不多的，但造成这种截然不同结果的还有一个重要原因，那就是阿蒙森团队不管天气好坏，坚持每天前进大概三十公里。而斯科特团队则比较随心所欲，天气很好时就前进得非常迅猛，可能一下子就走四五十公里甚至六十公里。但天气不好的时候，他们就睡在帐篷里，吃点东西，诅咒恶劣的天气。

上面的故事充分地向我们说明了这样一个道理：成功真正等待的，只会是那些凡事做足准备，持续进步、持续努力的人。只不过在现实中，人们总是错误地将它称作好运气。

对于投机，巴菲特其实早已表明了态度，在谈及投资方向的问题时，巴菲特说过一句话："走正道，路越走越宽。"

这句话在其与一名年轻人的互动中得到了充分体现。曾有一名年轻人向巴菲特咨询，询问他应该走什么样的投资致富之路。巴菲特向这位年轻人引述了自己小时候非常爱读的《爱丽丝漫游仙境》中的一段话：

"请告诉我，应该走哪条路呢？"

"这在很大程度上取决于你要去哪里。"柴郡猫说。

巴菲特告诉年轻人，进入股市有两条致富道路可供选择。

一条是多数人选择的捷径——投机，特点是只需要投入少量精力，靠运气，刺激得令人心潮澎湃，短期见效，但长期无效。

另一条是少数人所选择的坦途——投资，特点是需要投入大量精力，靠智慧，枯燥得令人昏昏欲睡，短期无效，但长期有效。

巴菲特告诫年轻人，就整个生命周期的投资回报而言，要走好投资之路，不要选择投机之路。

划重点

● 投资和投机是两个看起来非常像，其实又很不同的"游戏"。

● 很多人之所以没有变富，就是因为他们不愿意慢慢变富，只想着一夜暴富。但这是一种投机者才有的赌徒心态，投资者应该极力避免。

● 做一名优秀的投资者，做好打持久战的准备，追求持续赚钱，而非只赚一次钱。

投资最重要的原则

巴菲特曾经这样告诫投资者："投资就是投国运，投资家应该是爱国者。"

不论你是世界上最厉害的财务分析专家，还是世界上最厉害的股票估值专家，如果你没有足够的信心，你还是很容易相信那些媒体报道的对于股市的悲观预测，并在这种悲观的预测中变得恐慌，从而慌乱地抛出股票。

彼得·林奇在他的《战胜华尔街》一书中就指出，"选择股票的成功依赖于坚定的信心。"他认为，投资者应该始终相信国家会继续发展、存在下去，相信人们会一直正常地生活。

投资行业有这样一种说法：在电梯上行的时候，在电梯上做俯卧撑的人和坐轮椅的人都会同时到达上行楼层；当电梯下行的时候，在电梯上做俯卧撑的人和坐轮椅的人依然会同时到达下行的楼层。所以在乘坐电梯时，你无论是站着、跳着还是坐着轮椅，都不会影响你到达终点。电梯才是关键，决定我们何时到达终点的是电梯的方向和速度。

投资也是同样的道理，只要判断好"电梯"的方向和速度，选择一个好的"电梯"，我们终会到达自己想到达的地方。这里电梯的方向和速度就相当于国民经济发展情况，乘坐电梯的人就是我们这群身处时代之中的投资人。

因此，对于投资人来说，最核心的投资实际上就是投国运、投时代。

向前看，相信国家

赌美国继续繁荣下去是确定性非常高的事情。如果不信，你去问问在过去 238 年中，有谁是通过押注美国的衰落而成功的？

——《巴菲特 2015 年致股东公开信》

我常常认为，作为投资者，最重要的是尊重市场，相信未来。

巴菲特提到："将现在的美国与 1776 年建国的时候对比一下，你会不敢相信自己的眼睛。在我有生之年，美国的人均产出涨了 6 倍。我的父母在 1930 年时，肯定也不会想象到儿子今天所看到的世界……"

巴菲特讲述这些事，并不是想描述美国发展得有多好，他的根本目的是想表达，我们应该对未来抱有一定的信心。未来如何，我们不能提前知道，但保持一种相信明天会更好的心态，尊重未来，是我们能做到的最基本的事情。这点在巴菲特的长远投资观念上得到了充分体现。

在巴菲特的眼里，他的长远投资意味着永久的投资。他表示，即使将来他去世了，也会把 90% 的财产投资在标普 500 指数的基金中。

仔细想想的确是这样。当我们把投资眼光放得足够长远后，就会发现投资是一件非常简单朴素的事情。因为投资就是要拉长目光，看到十年、几十年，甚至一百年的国运。

如果我们用百年的眼光看生意，看到的是国运；用十年的眼光看生意，看到的是政策；用一年的眼光看生意，看到的是竞争；而用一天的眼光看生意，反而看到的全都是问题。

市场经济的动力机制仍然会继续发挥它的"魔力"，我们想有所收获，总要经历挫折，不可能永远一帆风顺。但是能确定无疑的是，国家的明天会更好。

就中国而言，巴菲特早在 2008 年就曾表达过对中国股市的看法。他不止一次表示，他很看好中国市场，并建议大家不要计较短期的情况。巴菲特认为，未来二十年，中国股市必将成为世界之最。

"中国有一个很棒的未来，中国的发展，就像一个人的成长和释放出潜能,中国正在成长,还会不断成长,它只是刚刚开始。"
巴菲特这样说道。

时代在不断变迁,经济在不断发展,中国在世界舞台上的地位也越来越重要,世界正在发现中国,中国也在发现世界。

很多具有敏锐洞察力的人早已察觉到了未来的机遇。美的集团创始人何享健在一次与泉果基金创始人王国斌的会面中表达过这样的观点:"不是乐观主义者,就不要当企业家。守规矩,向前看,爱中国!"

投资中国,相信中国,投资便会豁然开朗。

不要做空自己的祖国

> 巴菲特曾说过:"市场就像上帝一样,会帮助那些自助者。但与上帝不同,市场不会饶恕那些不知道自己在做什么的人。"

巴菲特和芒格对于做空都不陌生,但是他们都没有做。因为他们"不喜欢以痛苦的交易来收获金钱"。段永平也在 2013 年宣称"做空是愚蠢的"。

为什么投资大师们都发表了这样一致的观点?

在巴菲特的社交媒体账号上,他曾发表过这样一个经典言论:

"如果股票下跌完全是由于核战争的威胁,那么在下跌时买入股票的好处在于:如果核战争不爆发,我们就能赚到一些钱;

而如果核战争爆发，到时候钱也不是我们需要的了。"

巴菲特的发言不做作，不花哨，直击投资本质，道出了一个最本质的道理：股票只有在人类社会经济正常运转时才有价值，否则就是废纸一张。

真正支撑股票价值的，是国民经济整体力量。只有国家存在，股票才有价值，选择做空自己的国家，无疑是自毁地基、自掘坟墓。因此，各个国家的投资人，都要看懂这一点，不去做空自己的国家。

另一方面，巴菲特指出，在证券投资领域，智商 160 的人不一定能够胜过智商 130 的人。智商并不是衡量投资能否成功的最终标准。

在他看来，如果想要获得持续的投资成功，需要的应该是一个健全的投资知识架构、一些常识和始终平和的情绪，而不是超凡的智力水平。

在巴菲特的眼中，投资成功的关键是：常识、纪律和耐心。

很多人都以为常识是每个人都具备的，但实际上，我们总是被市场迷惑，在面对纷繁的投资机会时，最缺少的恰恰就是常识。比如，在投资中选择做空的人，大多都已忘记"皮之不存，毛将焉附"的道理。

芒格也认为，人永远无法赚到超出自己认知的钱，不要在一无所知的事情上做多或者做空。巴菲特对这一点做了进一步补充，在 2021 年的致股东信中，巴菲特用一个形象的例子指出了做空背后的隐患："泡沫的演化基于人性，没有人知道它什么时候会破裂，或在破裂之前它会膨胀到多大。"

没有一个人能够靠做空自己的祖国而获得成功。其原因在于，根本没有人能够靠自己的小聪明逆转国家和市场的趋势。

从本质上来说，股票投资的真正意义在于优化社会资源配置，通过支持优秀的企业，为社会创造就业机会，为国家增加税收，为投资者提供满意的产品或者服务，实现社会价值的最大化。

正直是一种选择

巴菲特说："好的投资需要正直、理性和活力。"

和拒绝做空的理由一样，巴菲特和芒格都认为投资人的品格很重要，在投资时，投资人坚守什么样的品德，对投资结果有不一样的影响。

他们一致认为，正直是一种选择，是一种从顶层设计上规划一个人的时间和精力的方式。只有走正道，路才能越走越宽，朋友才会越来越多。而且我们得到的结果永远会是正向的、积极的，不用担心因风险而需要从头开始。

巴菲特曾经被一对夫妇合伙人要求避税。因为他投资的业绩太好，每年合伙人的报税数额都很惊人。但是巴菲特对避税这一行为非常厌恶，他写信给那对合伙人说，他对避税感到厌恶，并指出这也会影响合伙人作出理性的判断和正确的行动。

巴菲特认为，想要"避税"，只有三种办法：一是放弃自己的财产，二是经营的生意全部亏损，三是带着遗产进坟墓。

巴菲特在 14 岁的时候就开始纳税了。一开始，他的父亲还想帮他缴纳第一笔税款，但是巴菲特坚持自己缴纳。他说："这是我自己的责任，应该由我自己来承担。"对巴菲特来说，纳税是正道，是他应该承担的社会责任，也是他获得的财富成就勋章。

巴菲特在表达自己的人生认知时，很喜欢强调胆识，他相信，一个人拥有的胆识和决心，比金钱重要很多倍。而胆识的背后，是信念在做支撑，它也是一种价值观。

巴菲特和芒格都有自己坚持的信念。芒格多次强调，他和巴菲特从来没有因为赚钱而欺骗无知的人从他们的手里接下股票或者产品。芒格调侃道："假如我们卖的是狗屎，我们不会把狗屎说成包治关节炎。"

很多人以为，巴菲特和芒格拒绝投资比特币和黄金，是因为他们不懂这两种投资产品的门道。

实际上，他们在投资时考量的是如果不懂，那就选择不投资。他们会选择更关注企业内在价值或者安全边际等因素，但是最重要的一条是，这种赚钱方式要符合他们的价值观。这就是他们的人生信念和依照信念而产生的践行模式。

万物皆具能量，思想也是一种无形无象的精神能量。正直能让我们获得更正向的认知体验，而正向的认知体验也会慢慢变成我们的实践指导，帮助我们获得最终的正向结果。

坚持正道，路才能越走越宽。了解这点后，我们更应该明白投资的根本目的，坚守正道，坚信国运。

划重点

- 爱中国，相信中国的社会发展和经济发展，是投资最重要的原则。

- 投资不能不守纪律，没有常识，投资者只有在国家长久发展的基础上才能够赚钱。

- 我们要形成正确的投资价值观，对待金钱有正确的态度。价值观才是最稳健的财富。

为什么要跟随趋势？

上天并没有赐予人类在所有时刻了解关于一切事情的天赋。

——《穷查理宝典》

我有时候会觉得，那些假装能预知未来的人总会有用武之地，因为总会有人请他们来为自己预测未来。这种现象其实很好理解，因为人性有弱点，大家都想在投资市场赚钱，不愿意赔钱。

实际上，做投资都是有赚有赔的，谁都逃不过这个定律，这是一个概率问题。无论我们抱有怎样的期许或者做出什么样的干预，股市始终在按照它自己的规律和节奏运转。我们能做的只有接受涨跌的事实，让市场趋势自然轮回和演变，并在此基础上平静地坚守着自己的判断。

不管我们的个人能力或者智商有多厉害，都有一个永远打不败的对手，那就是市场趋势。

如今，解读趋势的门槛太低了。不管是不是真的理解量价语言，人们都动不动就借着趋势展开谈话。其实，趋势也只是由市场情绪带来的结果。如果大家都开始对某个不确定的未来下注，那么，那个不确定的未来自然而然就会成为新的趋势。

想法是行动的前锋，如果我们的认知有偏差，那么借助再厉害的工具，基于多么严谨的方法论，都是没有意义的。

作为投资人，我们的认知和投资规划，都是和未来绑在一起的。认清方向是我们优先要做的事情。而方向，就是趋势的前往之处。所以，从某种角度来说，只有趋势才是投资人真正的朋友。

巴菲特也曾经多次表示，方向比方法更加重要。他不会预测未来一年的市场走势、利率及经济动态，但是他会思考国家和市场未来 5 到 10 年的趋势，他所投资的公司在 10 年后会是什么样的情形，以及这家公司在 10 年后或者 20 年后的价值。

投资是投模糊的准确

> 沪江网、豆瓣网创始人之一的徐小明曾公开表示："趋势为王，结构修边。"

巴菲特强调自己更加专注方向，他认为投资并不需要极度聪明的大脑，而是需要一个正确的方向。

芒格这样解读这句话，他认为明智的投资是找到一个优秀的走上升趋势的公司，并置身其中。这样一来，不需要特别的天资和努力，也能够获得很好的结果。

在人生的很多时刻，恰当的选择远比优秀的能力更能证明我们是一个什么样的人。在大趋势的面前，所有的技术都是失效的，因此，能确定市场的"牛熊"比其他技术更为重要。投资的"护城河"也同样是来源于趋势判断、标的选择及投资选择的长期坚守。

巴菲特会告诫股民，投资并不需要整天关注股价的变动，也不需要用计算器来计算公司价值，如果需要运用到复杂的数学算法，那说明我们不应该购买这只股票。

巴菲特从不预测股市，他认为自己无法预测股市的短期涨跌，但是他坚信，在市场信心恢复或者是经济恢复之前，股市将会大涨。就拿中国来说，从 1990 年中国股市设立的 100 点算起，截至 2023 年 6 月，上证指数大概达到了 3200 点。大盘涨了几十倍，可以明显看出整个国民经济、国民制造业的总体趋势是上涨的。我们只要能把握住这一点，就可以信心满满地进行投资了。这就是巴菲特建议投资者要更多地看到"模糊正确"的原因。如果你要等到知更鸟报春，那春天已经要结束了。

在新冠疫情暴发之初，全世界的媒体都在不断报道疫情消息，大家的投资情绪逐渐变得脆弱。

我觉得，疫情之后谈如何去做投资，需要问自己三个问题：这是不是一个大概率正确的事情？事情可不可以重复？收益可不可以持续？

纵观过去的投资领域，多数投资倾向于大概率发生的事，大概率发生的事情具有必然性，少数是针对小概率的事，小概率发生的事情具有偶然性。

不过，值得一提的是，所有的趋势行情和震荡行情都是在事后才能够确认的，没有人在事前就能准确预知，这些都是概率性的问题。因此，无论我们的经验如何丰富，有多少智慧，都只能做到对大概率事件的推算，也不可能保证事情百分百按照预期、没有风险地进行。

投资，其实就是用自己对于趋势的判断挣钱，但是把握趋势，需要克服一系列根深蒂固的观念、习惯和路径。

一个人或许能够在某一段时间里，与个别股票的发展趋势同频，但是没有任何一个人能够真正把握趋势，打败股市，股市不存在常胜者，好在，市场会给我们冷静的时间来判断和选择我们计划买入的股票。

总之，投资就是要顺势而为。既要顺应大势，顺应行业趋势、国家趋势、世界趋势，也要谨慎用好"后视镜"，不犯经验主义错误，然后再将眼光转向前方。

全世界的富人都在做三件事

> 全世界的富人都在做三件事：赶趋势，找平台，抓机遇。
>
> ——《穷查理宝典》

一般情况下，行情会在绝境中诞生，在犹豫中成长，在憧憬中成熟，又在亢奋中毁灭。

虽然从长期的角度来看，股市的大趋势是稳步向上的，但是考虑到整体经济环境的复杂性，最坏的情况可能还没有出现。不过，我们可以确定的是，无论选择哪一个行业，行业的波动都是我们必然需要面对的。坚定的人不会因为波动而离场。

投资者一直忙着借助勤奋、理性和专业的力量来找寻市场的机会。但是很可惜的是，只有少数人能意识到，在很多情况下，人的作用比想象中要小得多。更多的时候，投资成功与否和趋势相关。股市小赢靠价格，靠购买到物有所值的东西，但能够占据核心盈利圈的人，永远是尊重趋势的人。

就短线的投资来看，个人投资者如果轻举妄动，很有可能接到下跌的"飞刀"。所以我建议：市场暴跌的时候不要着急抄底❶，手上持股的时候不要着急抛售，趋势不明朗的时候不要着急交易。

虽然金融是万业之母，但是很多人并非喜欢金融体系，只是

---

❶ 抄底，意思是指在股价跌到最低点，尤其是短时间内大幅下跌时买入，预期股价将会很快反弹的操作策略。但究竟怎样的价格是"最便宜"，事实上很难判断。

喜欢不做事就能"捞到钱"的感觉。然而,要想在资本市场把钱赚回家,需要非常强大的认知体系支撑。既要知道国家在干什么,时代在干什么,还需要挖掘出宏观信号下最优质的行业,回报率最确定、最高的公司……

投资就是一个需要见识的"游戏",而比见识更重要的是远见和理智。投资本质上就像打猎,能够找到好的狩猎地点是你的本事。无论是谁,只要找到了更优质的狩猎区域,都能打到更多猎物。所以投资时只有看准趋势,不被市场节奏牵引,不盲目抄底,不恐慌抛售,才能获得胜利。

不管是投资还是生活,我们大多数时候面临的场景都只是一个过程、一个阶段,并不是人生最终的结果。很多时候,我们只需要把握一个大体趋势即可。

划重点

● 趋势虽然难以总结预测,但是总会有大概的指向性。投资者可以根据大概的指向选择顺应趋势,甚至成就趋势。

● 把握市场的动向,需要忽略细节的变动,关注宏观、整体的趋势。投资就是在追赶趋势。

● 现在可能正是"贪婪"的时机,最佳的盈利方法就是跟随趋势。不要因为失去耐心而退出市场,也决不要因为迫不及待而进入市场。相信自己的长远眼光,未来你会感激自己。

第二章

chapter 2

永远关注
有价值的生意

巴菲特的价值投资理论

巴菲特的价值投资理论

投资是指根据详尽的分析进行本金安全和满意回报有保证的操作。不符合这一标准的操作就是投机。

——《证券分析》

在投资界，几乎人人都在传颂巴菲特的投资理念，但是鲜有人关注巴菲特的理论。

譬如，投资圈内人人都知道的价值投资理论。尽管这一理论最初是由巴菲特的恩师本杰明·格雷厄姆（Benjamin Graham）❶于二十世纪三十年代提出的，但真正将这一理论应用到极致的，是巴菲特。

由于这一理论的巨大价值，现今，投资界默认将格雷厄姆的

---

❶ 著名的价值投资者，也是巴菲特的老师，是投资价值取向的奠基人之一。他最有名的著作是《证券分析》（*Security Analysis*）和《聪明的投资者》（*The Intelligent Investor*）。

投资风格称为价值投资 1.0 版，而将巴菲特的投资风格称为价值投资 2.0 版。

凭借自身对价值投资理论的重新梳理与践行，巴菲特成功将这一理论内化为自己独有的宝藏，即巴菲特的价值投资理论。

那么，什么是价值投资？巴菲特的价值投资理论又有哪些出彩之处呢？

从通俗意义上讲，价值投资其实就是提倡买卖股票而非炒股，是更关注企业内在价值的实际投资。

不论是格雷厄姆还是巴菲特，他们都默认这样一个事实：宏观经济有其发展规律和周期，股价围绕价值上下波动，所有投资行为最终都会回归价值投资。

因此，对于投资者来说，市场永远都只是为我们提供服务的，而非为我们提供指导意见。市场越是捉摸不定，真正的投资者就越是能从中找到合适的投资机会，并从中获利——因为这类人遵循的都是价值投资原理。

尽管 1.0 版本的价值投资理论已经足够投资者们使用，巴菲特仍在此基础上不断调整优化：在投资标的层面，他积极寻找被低估的、有潜力的公司进行投资；在实际投资上，他始终关注现金流的方向；在风险防控上，他拒绝跟风……优化后的理论可以被简单总结为一个公式：

巴菲特的价值投资理论＝好公司＋好价格＋无杠杆＋耐心等待

好公司、好价格、无杠杆、耐心等待，这四者缺一不可。巴菲特一生都在用其投资行动践行这一公式。

价值投资就是利用市场先生

格雷厄姆曾分析说："市场先生有着无法治愈的精神病，他的报价不稳定。"

格雷厄姆调侃地将市场称为"市场先生"，这名"市场先生"就像是我们身边的任何一位投资伙伴，如果你今天对他的报价不感兴趣，他明天还会给你带来新的报价。但格雷格姆还指出，市场先生的报价不稳定，因为他有着无法治愈的精神病。

当他愉快的时候，他只会看到公司的有利因素，从而给你报出很高的价格——因为他害怕你抢夺他的利益。

当他痛苦的时候，他只会看到公司的不利因素，然后给你报出很低的价格——因为他害怕你将"不值钱"的股票甩给他。

在资本正常运行规律中，股票的市场价格受供求关系影响，围绕价值做上下波动。尽管市场短期波动经常会使价格偏离价值，但从长期来说，偏离价值的股票价格具有向价值回归的趋势。

格雷厄姆便是将成功的价值投资归因于股票价格波动所带

来的投资机会。从根本上讲，价格波动对真正的投资者具有重要意义。

在这个问题上，巴菲特举了一个很好的例子，若某公司的股票价格在某一时期内增长了50％，而同时期公司收入只有10％的增长率，那么说明股票价值很可能是被高估了，这一只股票的拥有者注定只能获得微薄的回报。反之，当股票价格下跌而公司收入上升，那么我们就应当仔细考虑买入该股票的时机。

这就是我们应当把握住的投资机会：当价格大幅度下跌之后，市场将大方地为投资者提供低价买入的机会；而当价格大幅度上涨后，市场也能大方地给予投资者高价卖出的机会。怎样选择，决定了你能否成为一名聪明的投资者。

遵循价值规律，利用短期内价格与价值的偏离，用低价买入目标股票，再利用长期内价格向价值回归的规律，以更高的价格卖出自己以前低价买入的股票。这就是聪明的投资者擅长的玩法。

有时候，只需让自己的眼睛始终看到真实价值，围绕价值做投资战略调整，我们便能获取巨大的投资利润。

所以，投资者应该充分认识到，对于市场报价，如果你是理性的，具有耐心的，而且遵从价值投资体系进行投资，"市场先生"必然会为你送上丰厚的礼物。

在价值的基础上把握价格

> 价值投资的本质：寻找价值与价格的差异。
>
> ——《巴菲特的财富金律》

19 世纪著名的哲学家、社会学家、经济学家和政治家卡尔·马克思（Karl Marx）曾经说过一句话："如果事物的表现形式和事物的本质会直接合二为一，一切科学就都成为多余的了。"

我个人认为投资股票也是这样，如果只看 K 线❶、听消息，那么，我们对未来行情的研判会很混乱。

巴菲特建议投资人将精力用于辨认价值被低估的股票，而不用管整个大盘的表现。对此，他是这样表达的："我从不购买价格没有明显低于企业价值的股票。"因此巴菲特一直致力于找到一只好股票，在其有估值优势的时候买入，然后长期持有。

巴菲特的投资理念很简单：买股票就是买公司。他买股票的本质就是关注公司价值。因为从根本上说，价值投资就是利用市场信息的不对称，寻找价值与价格之间的差异。

价格昂贵的股票或许物有所值，它们可能代表着伟大的公司，但是除非它们价格合理，否则也不是绝对要买入的理由。

市场永远都会回归理性，但是当市场出现极端情况的时候，

---

❶　指 K 线图，是一种技术分析工具，又被称为蜡烛图，常简称为"K 线"。K 线是根据每个分析周期的开盘价、最高价、最低价和收盘价绘制而成的。

就是机遇产生的时候，这就是巴菲特经常在股市大跌的时候进行"抄底"的原因。

彼得·林奇曾经做过一个分享——下跌时，我们应该考虑什么？他提到，如果投资人能分辨基本面，其在股价下跌时会买更多，因为投资人明白价值与价格之间的空间。他还声称，他赚钱最多的股票，常常会从 18 元跌到 8 元，然后再涨到 40 元。

在彼得·林奇看来，投资就好像抓鱼，要好好研究水桶里的鱼，然后等待，在水桶里的水不再晃动时果断出手。

股市历史已然证明，从某个角度讲，股市总是特别偏爱敢于投资估值过低的股票的投资者。

作为股票投资者，我们在了解公司内在价值的基础上，为买入价格留出足够的安全边际，不仅能降低投资风险，而且在预测基本正确的情况下，还能降低买入成本，获取稳定的投资回报。

价值评估是价值投资的核心

> 芒格提醒投资者："别因为便宜去买烟蒂。"

其实，芒格和巴菲特始终认为自己一直在成长的道路上。譬如，他们以前会严格执行格雷厄姆的投资原则，即单纯地买便宜的股票，也就是所谓的"捡烟蒂"。后来，他们开始借鉴菲利普·费雪（Philip A.Fisher，现代投资理论的开路先锋之一、成长股投资策略之父）的投资理念，注重买价值高的企业，并与伟大的企业一起成长。

巴菲特认为，评估一家企业的价值，一部分是艺术，另一部分是科学。价值投资者需要评估企业的价值，思考市场价格。他提到，企业的内在价值是一个非常重要的概念，它为评估投资和企业的相对吸引力提供了唯一的逻辑。

巴菲特为什么如此重视企业的内在价值？其实，对投资者来说，买入一家上市公司的股票，实质上就是拥有了这家企业的部分股权，因此，在买入股票之前，必须对上市公司的市场价值进行评估。

那么，该怎样评估企业内在价值呢？巴菲特用实际行动告诉了我们答案。

作为一名伟大的投资者与投资公司的主要负责人，巴菲特同样需要工作，但他平时最主要的工作就是读各种企业的年报。

读企业年报的好处在于，企业年报中详细记录了企业的主要业务、经营模式、竞争优势、未来的战略部署等业务情况，以及营业收入、净利润、最新净资产收益率、负债率、现金流量、市销率等财务状况。

我们了解的企业信息越多，对行业的了解也就越清晰，这样才能对企业经营作出稳健的评估，加强我们对买卖时机的把握，提升我们对投资机会的敏感度，从而提高投资胜算。

在我看来，每个投资者都应该明白这样一个道理：如果商家提供的商品质量足够好，偏高的价格其实也不一定会把消费者拒之门外。因为，我们都只听说过"货比三家"，却从来没听说过"价比三家"。比价，是那些自以为聪明的人做的事，当你选择投资把产品做到极致的企业，其他的一定都会纷至沓来。

做投资，看中的一定要是企业实际的内在价值，这才是价值投资的核心。用巴菲特的话来诠释，在股票市场，最重要的是买入优质公司的股票，而不是追求短期利润。

划重点

- 价值投资之所以能够持续地战胜市场，根本原因就在于其对价值规律的合理利用。

- 价值投资是相对于风险投资而言的，价值投资始终坚持以价值为轴心，是紧抓价值，利用价格波动实现低买高卖的投资行为。

- 投资者要想通过价值投资理论获得成功，最聪明的做法是：精准判断企业整体价值，寻找代表该企业一小部分权益的股票和市场价格之间的差异。

- 优质公司的股票，是巴菲特资产配置里的核心获利通道。

价格是你支付的，价值是你得到的

巴菲特经常强调："价格是你支付的东西，价值是你得到的东西。"

价格和价值是两个紧密相关的概念，但实际上，它们并不总是交织在一起。拿投资者与企业管理者来说，在双方的意识里，价值有着不同的表现形式。譬如，在企业管理者眼里，价格可能只是价值在某阶段呈现的一种表象，它们不一定一直是等价的。而在投资者看来，价格是围绕价值波动的，他们的目标就是寻找那些价值被低估的优质企业，以期在未来获得超额收益。

那么，我们该如何看待价值与价格的关系呢？可以从投资的角度来探讨这一问题。有些人觉得，投资就是挖掘那些账上现金很多，但是生意很差的破烂公司，在烂公司中寻找价值。事实上，平庸的公司往往会一直保持平庸，直至消亡。烂公司的价值匹配不上它做出的价格，因此在这样的公司身上进行价值投资，是不会成功的。

巴菲特指出，90% 的人在买股票的时候想法并不正确。这些投资者往往更关注股票价格而不是公司价值，他们希望买入股票之后，第二周就能看见股票上涨，一旦股票下跌，他们就会感觉很糟糕。

巴菲特认为，世界上购买股票最愚蠢的动机就是：股价在上涨。其实，股价上涨只是个现象，是一个过程，一个局部结果。我们没有必要根据每日的股市行情来检查我们的资产。

我们应该明白自己最终的目的地，明白自己到底想要干什么。从本质上讲，价格是你付出的代价，价值是你付出代价得到的东西。

任何投资都是价值投资

> 巴菲特指出："任何经济活动的目的都只有一个，那就是价值。"

金融界的水太深，充斥着各种虚幻泡沫，往往一低头就是无底深渊。各种金融界的大师、"股神"在面对"市场先生"和"未来先生"的时候，也处于被动地位，稍不留神，就可能毁掉"一世英名"。所以，很多投资人都在强调，真正能够走得长远的还得是价值投资。

巴菲特更愿意看到市场下跌，他认为大跌的时候更容易买到"好货"，也更容易把钱用好。在他看来，任何经济活动的目的都只有一个，那就是获得价值。因为对于股票（股权）本身而言，它不在乎谁是主人，你出多少钱，别人出多少钱，谁推荐了它……股票根本就无所谓。但是股票的价值还是会归于一个范围之内，我们可以通过不断地学习，合理利用价值规律进行判断。

芒格和巴菲特都是价值投资大师，他们在改变早期"买便宜股票"的选股思路的过程中，逐渐意识到"价格公道的伟大企业要比价格超低的普通企业要好"。这里所说的"公道的价格"就体现了其背后的价值所在。

股票市场风云变幻，价值投资之所以能够持续地战胜市场，就是因为这一理论抓住了股票投资的本质，对价值规律进行了合理的运用。

美国经济学家杰里米·西格尔（Jeremy J. Siegel）这样总结道："政治或者经济危机会导致股票长期偏离其发展方向，但是市场体系的活力能够让它重回长期的趋势。"

或许，这就是股票投资收益率在过去两个世纪经历影响全世界的政治、经济和社会的异常变化后，仍能保持稳定性的根本原因。

从价值上看透投资本质

> 投资决策不是以价格为本，而是以价值为本。
>
> ——霍华德·马克斯（Howard Marks）
>
> 美国投资家、橡树资本创始人

在投资认知上，美国投资大师霍华德·马克斯给了我很多启示，其中对我影响最大的一句话是：投资决策不是以价格为本，而是以价值为本。

投资，最为重要的是看透内在价值，识别趋势，不要单纯关注当前价格。因为我们的目标从来就是识别具有光明前景的企业，侧重于企业的潜力而非当前属性。这点也可以帮助我们很好地识别股票价值。

在投资市场中，有两种不同的股票，分别是价值股和成长股。

价值股指的是价值被低估，而且在市场上具有一定的竞争能力、技术、产品等方面都已经发展得很成熟的企业的股票，这些股票在行业中具有领导地位。

成长股则是指在市场中发展迅速、有一定潜力、有技术创新力、产品多元化的企业的股票。

拥有价值股的企业一般在行业中处于领先地位，拥有稳定的盈利能力和充裕的现金流。相比之下，成长股往往会随着企业的业绩和财务状况产生波动性变化。

那么，面对这两种股票，我们该如何选择呢？是不是只有选择价值股才叫价值投资呢？

事实上，在马克斯看来，成长股投资和价值股投资之间并没有明确的界限，因为买股票就是为了获得未来收益，而这两者的最终价值，谁也不能提前预知。巴菲特更是直接批评道："区分成长股投资和价值股投资简直荒谬至极。"

因此，身为一名投资者，我们应该认识到，价值投资并非直接选择价值股，"价值"并非仅限于字面意义，企业是否具备成长能力也是重要的价值判断标准，价值投资中的"价值"，需要我们正确识别。如果连这一点都不能明白，我们永远无法彻底看透投资的本质。

马克斯举了一个例子，那就是 20 世纪 60 年代美股"漂亮50"的破灭。"漂亮 50"是 60 年代在美国投资市场最受追捧的50 只蓝筹股，当时，投资者在经历了"电子热""并购潮"及科技板块的概念投资后，逐渐转向价值投资，"漂亮 50"应运而生。在当时，机构投资者不再追求激动人心的概念股票，而是转向有业绩支撑、基本面良好的核心资产，比如可口可乐、辉瑞、强生、麦当劳等。美股"漂亮 50"组合从 1970 年开始进入腾飞期，在三年时间里累计涨幅超过 130%，跑赢同期标普 500 指数超过 50个百分点。然而，后面的结果却令人大跌眼镜：几十年后，当时公认的"漂亮公司"很多都已衰落或不具有投资价值。

面对这一结果，马克斯不无讽刺地指出："长期增长的持续时间也不过如此。"

划重点

- 价格是你付出的代价，价值是你付出代价后得到的东西。

- 在我们确定价格买入的时候，就决定了价值投资的胜利与否。投资的目的就是获得价值。

- 我们应该注意看透企业的内在价值，不仅要关注当前股票价值，更要识别企业的成长前景。

投资大师的"选股圣经"

芒格曾经说过："你的人生，都藏在选择里。"

《孙子兵法·地形篇》中讲了一种名为"选锋"的思路，其强调用兵一定要"选锋"，即把最精锐的士卒选拔出来，组成先锋队，像一把尖刀，必要时刺向敌人。可以这样说，没有"选锋"，就只有"兵"，没有"锋"，无法构成"兵锋"。

为什么孙膑如此强调"选锋"？"选锋"有什么作用呢？

齐威王曾问孙膑，两军相向，"地平卒齐，合而北者何？"（战场是平的，人数也差不多，为什么会有一方战败呢？）孙膑回答道，失败的一方必然是因为"其阵无锋也"。

这就是"选锋"的作用。其实，我们在投资选股的时候也是这样，选得到"锋"，便能更轻易取胜；选不到"锋"，则很难取得理想的收益，甚至会导致失败。

优秀的投资大师们都会花费心思认真选股，在他们看来，选出一支好股，是投资中最基本也是最重要的事。

这点对巴菲特来说也是如此。巴菲特的选股思路基于价值投资的原则，为了找到真正有价值的股票，他无时无刻不在观察市场与企业。因此，不难看出，这名投资大师对于"选择"的看重。

那么，巴菲特又是如何选股的呢？在巴菲特眼中，一个优质的企业和一个劣质的企业之间的区别在于，优质的企业能够轻易做出一个又一个的决定，而劣质的企业则需要不断做出痛苦的抉择。因此，他会挑选有竞争优势的公司，选择那些能长期持续性盈利和管理团队素质良好的公司，同时，也会关注当前估值和长远价值。

选择有时比努力重要

> 芒格告诉投资者："找那些有定价权的股票。"

在一次投资者见面会上，芒格被问及如何应对上游涨价对上市公司利润的影响，芒格的答案是，去找那些有定价权的股票。

在芒格的眼中，尽管找到具有定价权的公司很难，但这绝对是值得努力的方向。

我曾经看过一份由国外研究者出具的研究报告，这份报告追踪了两名有天赋的投资者的财富状况。A先生能够完美选择交易时间，B 女士则总是选择满仓 ❶ 买入最佳行业。两位投资人的起始资金都是 1000 美元，都从 1980 年 3 月 31 日开始投资，到 1992 年 9 月 30 日结束。

最终研究者观察到的结果是：A 先生共进出股市 9 次，每次的时间都把握得非常精准，他最初投入的 1000 美元最后增长到了 14650 美元；而 B 女士总是满仓投资最好的行业，她的资金从最初的 1000 美元增长到了 62460 美元。

实际上，按当时的市场背景，在同一时期内，1000 美元投资到标普 500 指数中，仅仅能增长至 6030 美元。

我认为，A 先生与 B 女士取得的收益之所以如此悬殊，正是因为 B 女士对"选股"这一环节更为重视。因此，选择有时的确比努力更重要。在投资中，"选股"有时甚至对收益情况起着决定性作用。

或许有人会怀疑这一说法，他们认为这世界上根本没有正确的选择，我们所能做的不过是努力奋斗，使当初的选择变得正确。但实际上，在我们做出选择的那一刻，成败的概率就已经确定了。巴菲特强调所谓"买的时候就赚钱"，就是这样的道理。这也是他经常选择购买垄断企业的主要原因之一。

在我们的人生旅途中，人与人之间的最小差距是智商，而最

---

❶ 股市专有名词，一种投资操作，一般是指投资者用全部资金买入某只股票，剩余的资金已不够再买 100 股当前股票。

大差距是方向和坚持。如果方向对了，即使方法有偏差，在不断试错、不断总结、不断优化之后，也能找到正确的方法。

巴菲特的选股思路

巴菲特指出："集中投资的前提在于正确选股。"

投资对于巴菲特来说，既是一项工作，也是一种生活。他喜欢通过寻找好的猎物来"捕获稀有的、快速移动的大象"。

他曾经建议，投资分析师在投资时应该将自己当作企业的分析师，而非市场分析师或宏观经济分析师，更不能将自己当作股票分析师。

巴菲特是这样总结自己的："因为我把自己当成一个企业经营者，所以我成为更优秀的投资人；因为我把自己当成投资人，所以我成为更优秀的企业经营者。"

只有将自己代入企业经营者的角色，以企业经营者的角度看企业的经营状况及发展前景，做一名与企业并肩同行的投资者，才能选到真正有价值的股票。

巴菲特一直强调选择的重要性，他曾总结过自己的投资经验，最后他认为，投资的真正诀窍就是找到明显的机会。

投资人实际上需要做的只是找到一两个市场错误定价的机会，投资人甚至只需找到一个机会，就可以变得非常有钱。因此，巴菲特热衷于寻找别具一格的企业。

事实上，巴菲特赚钱主要有三大招：低估值、垄断企业及长期持有。其中，垄断企业的选择至关重要。对巴菲特来说，别具一格的企业最好是垄断企业。

为什么最好是垄断企业？

首先，垄断企业具有特殊的垄断资源——特殊配方、有限牌照、知名品牌、地域特权、核心技术、特殊工艺、文化沉淀……

其次，垄断企业的产品也极具特点——产品在消费者眼中没有类似的替代品，客户黏性高，品牌忠诚度高；产品的价格不受消费者管制，并且提价不影响销量；产品都是消费者乐于购买和使用的……

最后，垄断企业拥有普通企业无法拥有的优势——自由现金流多，资本性支出少；净资产收益率高，留存收益利润率高；负债少，能够经受风险，抗通胀……

除了以上这些优势，巴菲特认为，垄断企业还拥有长久的经营存续期，商业模式稳固，因为这类企业已经形成了坚实的"护城河"，不仅难以复制，也难以被攻破。

当然，这一切的前提是要洞悉垄断企业的商业结构，才能作出最有价值的选择。

不过，垄断企业的股票大多是可遇不可求的，市场永远僧多粥少，被投资大佬盯上的"粥"，可能在普通投资者得到消息前，就已经被瓜分完毕了。

那么，普通投资者又该怎样选择企业呢？在这里，巴菲特又教给了我们另一条选股思路。在巴菲特看来，股票投资是一项长期的事业，只有长期持有才能获得更好的收益。所以，他倾向于选择经营业务简单的企业，以及具有持续竞争优势的企业。

作为一名合格的投资者，我们要做的就是以合理的价格买进一些业务简单易懂，又能够在未来 5 ~ 10 年内持续发展的公司的股票。

巴菲特向我们特意强调，无论是垄断企业，还是业务简单的企业，在持有这些企业的股票期间，一定要尽可能避免自己受到外界诱惑，而轻易放弃所持"资产"。

巴菲特曾经提醒投资人："如果你不打算持有一家公司的股票 10 年以上，那就最好连 10 分钟都不要拥有它。"

保持开放态度

彼得·林奇曾经在一次名为"我可以帮你成为更好的投资人"的精彩讲座中多次强调，做一个投资人，不能天真地以为所有的股票发展都会一样。

很多时候，赚钱的方法是无法被真正传授的，因为时代永远在向前发展，社会永远在进步，未来永远都是不确定的。而且，这世界上没有一个药方能包治百病。因此，我们需要掌握多元化的投资策略，并且还要知道在什么时候用、怎么用，这在当前的时代已经变得非常重要。

彼得·林奇认为，由于市场上企业和股票的发展各有不同，因此，我们需要学会分析股票。将股票分类就是分析股票的第一步。

我们可以从不同的角度进行股票分类。如值得看的，不值得看的；有美好未来的，没有美好未来的；价格合理的，价格被低估的，价格已经很贵的……只有经过这样的分类，我们才会知道各种股票的特性分别是什么，才知道自己应该去关注些什么。

如果我们天真地认为，单凭一种分析原则或者同一种投资策略，就足够应付市场上的各种股票，那么我们恐怕很难战胜市场。

划重点

● 巴菲特认为，选择股票时需要非常挑剔。

● 巴菲特的选股策略是基于其"价值投资"理论之上的实践。"垄断""护城河""安全边际""内在价值"都是他选股思路的要点。

● 我们要学会不同的投资策略，善于利用不同的分析原则进行选股和买股。

如何正确买入

芒格一直很认同一句话：赚钱方向如果错了，再努力也得不到好处。

芒格会这样认为，是因为在他看来一个人能够成事的核心因素是，他会用 95% 的时间去思考为什么这样选择，用 5% 的时间去执行他做出的选择。

我觉得，找到方向才是一个人最重要的事。在你定下了可行的方向之后，你的努力才有机会正向积累。比如，我们都应该想清楚以下问题：这辈子想做成什么样的事？这辈子想成为什么样的人？

在这一点上，芒格曾经提到，我们不需要新的思想，我们只需要正确地重复。什么是"正确地重复"？就是在确定自己优势的基础上重复自己的有效行为，不断巩固自己的优势，将其发挥到极致。

巴菲特也曾做过一个关于雪球的比喻。他说："人生就像滚雪球，重要的是发现足够湿的雪和一道足够长的山坡。如果我们处在正确的雪坡上，雪球自然会滚起来，还会越滚越大。"这就是确定方向的意义。

我曾经在我导师的朋友圈中看过这样一个意味深长的小故事：

一位妇科医生回到母校，向导师报告说自己毕业以来从没有出现过医疗事故。不料，导师淡淡回道："你做的手术还是太少了。"

新手总是在取得初步胜利的时候沾沾自喜，觉得自己已经找到了终极武器。投资圈也经常看到这种现象，很多投资新手在取得最初几次获利后，就以为自己找到了发财的直通车。

实际上，在找到真正的答案前，通常都要先收集各种判断错误的案例，然后仔细考虑如何避免重蹈覆辙。因此，投资界还有一批研究"逆向投资"的大师。

"逆向投资"是指与常规投资背道而驰的投资方式。对逆向投资者来说，他们一直在寻找那些被大众忽略的、具有优秀远景的投资标的 ❶，在市场低点买入。这也是一种投资生存方法。甚至有人称"逆向投资"是经济不景气时最应掌握的投资

---

❶ 投资标的是指投资者选择进行投资的对象或目标。它可以是公司股票、债券、期货、房地产，甚至是艺术品、大宗商品等各种具有投资价值的资产。

方法。

因此，只要确定好了方向，不论是常规投资，还是逆向投资，都能获得自己想要的投资结果。

所以，从本质来说，人生最困难的不是努力，也不是奋斗，而是抉择。

正确的买入姿势

> 新加坡首任总理李光耀先生有一句口头禅："找到正确的方法，按正确的方法做。"

在我创业之前，准确来说，是在我自己没有任何投资心得时，我也不能理解成本的重要性。现在我慢慢发现了，无论做什么投资，都要了解成本构成。

因为错误的企业成本认知会让我们作出错误的决策。

可惜的是，很多企业家不仅认为自己的企业具备详细的成本数据，还觉得自己基于这种成本数据作出的决策肯定万无一失，但其实，拥有详细的数据不等于能作出正确的判断。

投资股票和运营企业是一样的思路。我们需要找到正确的方法，并按照正确的方法实施决策。

一个行业"大咖"曾经说过，能持有腾讯股票10年的人，往往不是腾讯内部的人。

虽然按照常理，腾讯内部的人应该更加了解腾讯，但是，是否拥有内部信息和能否作出正确判断是两回事。企业内部的人往往会信息过载，一旦自己认识到的信息过载，就容易抓不住要点。

人总是会抓住自己感受最强的那个信息点，并将其无限放大。这样做的结果是，我们会忽略掉最重要的信息点，无法作出正确的决定。

那么，究竟该如何作出正确的判断呢？在这点上，芒格为我们提供了具体思路。

有人请教芒格，面对一门当下回报很好的生意，到底如何判断该不该投资。

芒格的回答是，我们要去看这个问题背后的本质，是什么促成了现在生意回报好的局面，促成这一局面的动力还能持续多久？

如果这些问题能够有正面的回答，那就不会出错。

在巴菲特的眼中，真正好的投资机会不会经常出现，出现后也不会持续很长时间，因此必须时刻做好行动的准备。

几十年来，巴菲特和芒格都是这样做的：如果某一家他们看好的企业股票下跌了，他们会买进更多。

他的购买原则是：当股价处于中期下跌的时候，一定要等它跌到底，出现明显稳定的迹象之后买入。如果看好一家公司的股票，不该在它跌到 30 元的时候就买，而是应该等它跌到 20 元的时候再买。

彼得·林奇指出，可能发现股票特别便宜的时期，是在股市崩盘、大跌、激烈振荡、像自由落体一样直线下跌的时候，而这种现象每隔几年就会出现一次。

此时如果我们能够抓住机会，快速买入，很可能大赚一笔。但需要注意的一点是，如果你已经持有一些股票，此时还要鼓足勇气坚持自己的决定，不轻易卖出，这样做可能会带来更大的投资良机。

在市场低迷的时候买入，在市场高涨的时候卖出，这才是正确的投资姿势。

我认为，投资者应该把精力放在对于股票和公司价值的正确判断上，不要浪费时间在猜测市场、公众想法和情绪上。

当我们看好一只股票，买入前一定要认真分析，梳理好逻辑，做好操作计划，在看好的势头没有发生变化时继续持有，直到看好的势头不再符合预期时卖出。

投资者应该把自己当成一颗种子，不断学习和思考自己和市场的关系，理解经济环境下发生的一切，然后逼自己做正确的事情，并不断地做正确的事情，通过自我灌溉，让自己更加接近心中期望的投资者姿态。

跌倒后也要爬起来写计划

> 霍华德·马克斯指出："正确的判断不一定立即就能被证实，因此，即使是最顶尖的投资者，也会常常犯错。"

曾经有人向"华尔街投机之王"杰西·利弗莫尔（Jesse Lauriston Livermore）请教投资策略，他回答道："低买高卖。"

在上涨的市场里投资股票，最稳妥的方法就是坚持持有，不因高价而卖出。同样，在下跌的市场也不应该着急抛售。杰西·利弗莫尔从来都不希望以太低的价格或者太容易的方式买到股票，就是这个道理。

尽管这个道理非常简单，人们的做法却往往与此相反，无论投资对象是股票还是基金，我们总是在"高买低卖"。

为什么会这样？股市犹如波涛起伏的海，大家都因为股价上涨而激动万分，因为股价下跌而焦虑痛苦。人们总是带着自己的期盼，在股市海洋起伏。遗憾的是，行情从来不会因为人们的情绪而产生例外。投资的时机总是在我们绝望的情绪中诞生，在我们踌躇犹豫的时候成熟，在我们情绪高涨的时候结束。

因此，即使是最伟大的投资者，也会受情绪影响，在股市犯错。人都是会犯错的，巴菲特也不例外，但与大多数投资者不同的是，他从来不避讳自己犯下的错。

曾有人在一次股东大会上问巴菲特为什么当年没有投资亚马

逊，巴菲特非常幽默地当着各位投资人的面回答"因为我愚蠢"。

巴菲特认为，在股票投资这个领域，不犯错误是不会成长的。但是我们千万不能被一次失败打倒，无论在什么情况下，改正错误都宜早不宜迟。

改正错误，不论付出多大的代价，都是最小的代价。

约翰·邓普顿先生在《邓普顿金律》一书中自述了 21 条人生金律，其中第六条金律尤其引人深思：它主张，我们不应只诅咒黑暗，而应积极点亮灯火。这一金律强调要积极面对问题、寻找解决方案，而不是沉溺于抱怨和消极情绪中。

他认为，积极追求结果的人永远能够实现自己的目标，那些只会抱怨黑暗的人哪里都寸步难行。乐观是走向成功必不可少的一种品质。

如果我们走在黑暗里不去寻找光点，反而对于自己在黑暗中的错误操作反复懊悔，那么，我们将陷于错误之中。

普通投资者常见的问题一般是习惯以底层思维进行思考，并实施行动。比如会先入为主地固化自我认知，会在遇到错误或者失误的时候情绪应激，会在自我立场上进行逻辑判断……

如果不改变固有的底层思维，正确的股市专业思维就很难在我们的认知中确立。

人之所以需要终身学习，是因为人需要把自己对生命、对世界的体验，以不断更新的方式尽可能彻底地向外界表达出来。

　　我一直鼓励我公司里的研究员和基金经理，让他们把自己的投资思路和投资计划记录下来。我认为，如果投资的思路不内化成自己的语言，就很难说你是真正理解了。不实践，就无法验证道理是否正确，更不会有收益。本质上，把思路和计划写出来，都是为了让更多的人修改、完善和优化。

　　投资者一旦自以为是、自作聪明，就要重新"交学费"，所以我们应该沿着正确的方向，找到正确的路，不要怕慢。

划重点

- 朝着正确的方向才能滚出足够大的雪球，作出正确的选择才能有更多的收益。

- 在现在的投资市场，我们必须具备的优秀品质，就是善于逆向思维，作出正确的判断。熊市逢低买入，牛市逢高卖出。

- 我们不应该陷入投资失误的泥沼之中，而应该从错误中领悟正确的方法，不断追求积极的结果，以获得长期正确。

学会跟随

巴菲特常常告诫投资者："从最聪明的人身上汲取智慧，这就是投资和人生最大的捷径。"

虽然说人生中的每一件事都有其成因和结果。没有任何一种因果是由运气造就的，但是，有一些成功的特质，大概是一些人天生具备的。所以，如果你不能成为牛人，你可以看看牛人在做什么，懂得跟随牛人，学习他们的做事方法，也足够了。

对于大多数人来说，最稳妥的成长路径就是学会跟随，想要成为领导者，必须先做跟随者。

美国第 16 任总统亚伯拉罕·林肯（Abraham Lincoln）曾经写下这样一句话：那些获得巨大成功的人，其他人想通过模仿他们的行为获得一样的成就也并不是很困难。

尽管自身的努力非常重要，但巴菲特同样是通过向格雷厄姆学习才成就了今日的伟业。

这些例子都说明我们要向高手学习。站在巨人的肩膀上看风景与站在山脚看风景，看到的是完全不同的世界。芒格就曾建议新手投资人去跟随比自己优秀的投资人，从他们那里获得投资线索。

毫不夸张地说，向大师学习一小时，胜过自己苦苦摸索十年。

如果巴菲特长达 80 年的职业生涯都无法撼动你的坚持，你非要日均交易几十次，非要相信垃圾桶里有仅你可见的钻石，非要频繁换股，每遇到一个十字路口就更换前进的方向……那么我一定会称赞你、感谢你，因为你把成功的道路让给了更加需要的人。

不过，我要提前向大家说明，"跟随"和独立思考并不矛盾。向高手学习也是经过思考才得出的执行路径和有效策略，是我们自己思考的结果。但是，在跟随的同时，我们最终要形成自己的结论，一方面明白自己的局限，另一方面摸清聪明的投资者在做些什么，以达成快速致富的目标。

三人行必有我师

> 学习只有两种途径：一个是阅读，另一个是与更聪明的人为伍。
>
> ——威尔·罗杰斯（Will Rogers）
>
> 美国幽默作家

即使是世界有名的投资大师巴菲特，也不认为自己的能力已经强大到做任何事情都能十全十美，不需要借助他人的任何帮助。相反，他一直相信一个人的能力有限，所以要选择与优秀的人合作。

找到一个靠谱的合作伙伴并且长期跟随，也是股神巴菲特投资持续成功的秘诀之一。

人与人之间的差距，在于看待事物的高度、角度不同。能够使我们最快进步的做法就是放下执念，充分吸收有价值的理念，深化自我认知，最后进行转化。

举一个简单的例子，在马车逐渐被机械汽车取代的时候，你意识到了汽车的重要，但是因为你已经拥有一匹马，你舍不得丢掉马，于是不想换用汽车，那你就永远感受不到汽车高速飞驰带来的快感。

投资也是这样的，我们遇到新鲜事物、新鲜观念时，一定要先从自己的思维定式中跳出来，扔掉固有的价值观，以全新的视角看待它们。

从某种意义上来说，如今你拥有的，可能同时也是阻碍你向前走的包袱。

因此，巴菲特给了我们两个建议：一是去接近成功人士，让他们的想法影响你；二是走出去学习，让精彩的世界影响你。当你接触到更加有意义的世界和想法，放弃原有局限的思维时，才能集中投资那些你能看得懂，且总收益与市场价值长年上涨的企业。

巴菲特和芒格是这个世界上公认的最默契的拍档，他们将罗杰斯所说的学习的两个途径体现得淋漓尽致，即一方面自我学习，另一方面与聪明人为伍。

巴菲特甚至认为，他从格雷厄姆的"关注现有资产清算价值"的投资理念，到现在"关注企业未来自由现金创造的能力"的理念的转变，是由芒格推动的。巴菲特说："格雷厄姆教会我买便宜货，而查理把我推向'不要光买便宜货'的投资方向。这是他对我最大的影响。他把我从格雷厄姆的局限性观点中解放出来，让我的视野变得更开阔。"

其实，大多数时候，人们都是倾向于跟自己的同类待在一起的。因此，从另一种角度来看，只有你自己成为一个优秀的人、一个有价值的人，那些非常优秀的人才会愿意和你待在一起。所以当有人问芒格如何才能找到优秀的合伙人时，芒格的答案是："自己先成为优秀的合伙人。"

向上学习，而不是向下兼容

> 芒格曾戏言："一定要和高水准的人做生意，永远不要和一头猪玩摔跤。"

我曾经读过一个段子，某次自行车比赛中，获得第三名的选手在接受记者采访时表示："能够得到第三名我其实挺满意的，毕竟这次我忘了骑自行车来。"

记者很惊讶，问这名选手："没有骑自行车来，为什么还能够获得第三名呢？"

这位获奖者满脸笑容地回答道："因为我坐在第二名的自行车后面。"

这个段子虽然违背现实比赛的规则，但是从投资的角度看，却很有启示意义：**借着卓越公司的势头，我们就能让自己获得更好的投资回报。哪怕自己是一个忘骑自行车来参加自行车比赛的人。**

巴菲特说过，想要成为最优秀的人，就要向最优秀的人学习。本质上，像巴菲特这样能够从自己的一生经历中总结出完整思想逻辑的人，凤毛麟角。大多数人终其一生在投资市场沉浮、学习，反复总结经验，回头看，还是在格雷厄姆、彼得·林奇的理论体系之中。"逆向投资大师"邓普顿也是在坚持价值投资原则的基础上进行逆向投资。

我们都是以价值投资作为选股的根本，以分散投资来降低组合投资的风险，以全球投资来扩大机会池……来来回回，鲜有投资者能逃开整个价值投资大体系。

有人说自己不懂得投资，其实，没有人上来就是熟手，投资也是向高手学习的过程。比如，你不会买股票，可以直接跟着巴菲特买股票。他买哪只股票，你就跟着买哪只股票；他卖哪只股票，你就跟着卖哪只股票。赢了的话，你会赚到收益；输了的话，世界级的投资高手都失误的地方，你也跟着损失了一些钱，这太正常了。和投资大师一起总结教训，说不定收获更大，吃一堑长一智。总体来讲，跟着巴菲特买股，胜算肯定大于赔率。

投资，既是一项非常专业、非常严谨的行为，又是一项有参考答案的行为。有时候我们完全可以复制他人的投资经验，向高手学习，甚至是某些时候直接采取"拿来主义"。单单是巴菲特和芒格的投资经验和理论，就已经足够我们应对投资中的大部分问题了。

比如，巴菲特每年向投资人公开的致股东的信，以及巴菲特和芒格长达五十年所做的交易的记录，我们都是可以找到的，这些都是宝贵的经验，极具参考价值。

任何一个奇点❶的出现，都意味着奇迹的到来。人一旦突破这个奇点，一切传统经验都有可能被推翻。就一个人的投资生涯而言，改变其命运的投资就是一个奇点，一旦突破这个点后，他就能形成一套更加严谨的投资范式了。

---

❶ 奇（qí）点是物理学、宇宙学中的概念，指的是大爆炸宇宙论所追溯的宇宙演化的起点，或者黑洞中心的点。奇点的密度无限大，奇点处的时空曲率无限大。它是一个密度无限大、时空曲率无限大、热量无限高、体积无限小的"点"，一切已知物理定律均在奇点失效。

所以，我们都在努力看清事物的本质，想要实现突破，而真正想要打破传统观念，就必须使自己的眼光望向更加广阔的世界，在人、事、物上都进行彻底的颠覆。

芒格多次向我们强调，一定要和高水准的人做生意，永远不要和一头猪玩摔跤。因为如果你这么做了，你们两个都会变脏，但是猪会乐在其中。他还一针见血地指出，他的一生，能够与如此多优秀的人合作共事，一部分原因在于他努力成为配得上他们的人，另一部分原因在于他很精明地选择了与他们共事，当然，不可否认的是还有部分原因在于他运气好。

巴菲特也持同样的观点，他提到，一个人获得快速成长的方式就是结交比自己更加优秀的人，而不是向下兼容。投资的时候也是如此，要一直向上结交、向上学习。

那种选股时像辛勤的蜜蜂一般在花朵间跳来跳去的人，当然不可能获得长久的成功，因为只有超级明星股才能给这样的人提供走向成功的机会。

我们要学会借助外力，通过充分仰仗他人的帮助来增大自己攀上人生巅峰的可能。

把自己的资金交给投资界最卓越的那一部分人，买他们公司的股权，和他们一起成长，一起持续发展，也是成就自己的核心经验之一。

— **划重点** —

- 大部分人仅靠自己的经验及自我摸索，进步会非常缓慢，效率最快的方法是借鉴大师们总结出来的经验，向高手学习，看他的选择、方向和方法，然后保持独立思考。

- 虽然新手不可能"一口吃成大胖子"，但是向最优秀的人学习，绝对是走向成功的捷径。投资和人生都是一样的道理。

- 必须向上代学习，掌握人类已经取得的最优秀的成果，然后再与优秀的同伴一起推陈出新。

股票

第三章

chapter 3

买股票
就是买公司

不要拿计算器算公司估值

巴菲特说："估值永远都只是艺术。我们判断一个人是不是胖子，很多时候，并不需要知道他的体重是多少。"

关于怎样对企业进行估值，巴菲特常常谈到的一个观点就是：精确的错误不如模糊的正确。

所谓"精确的错误"，就是用了一大堆高深的数学推理和晦涩的金融运算来计算企业估值，却忽略了基本的商业逻辑，忽略了方向，忽略了正确的路；而"模糊的正确"，就是可能对细节的关注和把握并不多，甚至当下是有损失的，但方向性、原则性的问题是对的。

"精确的错误不如模糊的正确"就是不用战术上的勤奋来打压战略上的懒惰。因为，"懒惰"可能也是一种战略。

在巴菲特眼里，连抄底这种事情都可以不求最佳时间，只求模糊的正确。譬如每一次重大危机中，当巴菲特买入股票时，一些预测市场的人经常会讥笑他"买高了"或"被套牢了"❶。但他从不因此气馁沮丧，而是坚持自己的判断。他始终认为，投资是一种贯穿一生的行为，要实现的是最终回报最大化，需要的是能与投资行为长期匹配的最优策略，而不是"最拼命"的策略。

在现实中，巴菲特所投资的股票很多都是刚买入就被套牢的，包括他最钟爱的可口可乐股票，也是在买入后不久就被套牢了 30% 左右。

巴菲特从不预测股市，因为他知道市场走势根本无法被精确预测出来。他总是强调自己无法预测股市的短期涨跌。对于股市未来一个月或一年是涨是跌，他一无所知。但他却坚信，在市场信心恢复或是经济恢复之前，股市会上涨，而且可能是大涨。所以他建议更多的投资者要看到这种"模糊的正确"。

因为，如果你要等到知更鸟报春，那春天就快结束了。

"高等数学"可能是危险的

> 芒格指出："每个人都会把可以量化的东西看得过重，因为他们想发扬自己在学校里面学的统计技巧，于是忽略了那些虽然无法量化但更加重要的东西。我一生都致力于避免这种错误。"

---

❶ 套牢是指进行股票交易时所遭遇的交易风险。例如投资者预计股价将上涨，但在买进后股价却一直呈下跌趋势，这种现象称为套牢。

巴菲特分享过一个观点：如果你需要使用计算器来估值，你就不应该购买这家公司。他的意思是，做投资不必把企业估值精确到小数点后几位，因为方向比短期的收益更重要，好的投资机会应该是显而易见的。

从某种角度看，"高等数学"可能是危险的，精确的数字有时还会误导人，它会把你引向那些不宜探索的领域，让你在投资路上越走越偏。

芒格和巴菲特一直有着自己独特的选股原则，他们比较喜欢业务简单，内在价值强大，收购价格合理的公司。他们不赌博，只选好的、胜算概率大的投资机会。在芒格和巴菲特的眼中，真正好的投资机会是肉眼可见的。如果你还需用计算器估算，那只能说明这对你来说还不算好机会。

他们多次讲到，他们在思考每一项投资时，一般情况下考虑的是贴现率 ❶。但更多时候，他们更看重足够明显且不需要做详细计算的投资机会。

巴菲特说："当你坚信遇到大好机会时，唯一正确的做法是大举投资。"

---

❶ 贴现率原是持票人用未到期的票据向银行融通资金时，银行扣取自贴现日至到期日之间的利息率。经济学家将贴现率作为衡量未来收入和支出折算成现值的一个桥梁。贴现率越高，则同样一元钱发生在将来的收入或支出折算成今天的货币价值就越小。

他认为，当一个事情成功的可能性很大时，你投入得越多，回报就越大。而那些不需要计算器的投资，就是确定的大机会。

方向优于细节

> 芒格认为，在决策前，需要弄清楚"这会不会是一场灾难"，而非"这是否完美无瑕"。

芒格强调，在做投资决策时对正确方向的思考和把握，其重要性要大于对细节的把控。他建议人们多考虑风险和后果，做出谨慎的决策，而不是盲目冒险。

巴菲特也是这样认为的。在他看来，想要投资成功，首先需要保证投资方向是正确的，其次才是投资细节。

如果一家公司的价值需要用计算器来估算，那最好不要投资。因为凡事都没有绝对性，投资需要考虑的因素很多，比如投资时间和优秀投资标的的稀缺性，所以投资要追求模糊的正确。

从另一角度看，就算用计算器算得再清楚，都无法弥补方向判断上的失误。方向错了，越努力，损失越大。因此，做投资之前，要明确自己的方向以及自己的能力圈。

巴菲特强调：想法永远是行动的前锋，在行动之前，最重要的就是思考。思考是方向，是模糊的正确，而非精确的估值。而投资从执行的角度来看，就是认准方向，抓住核心的内容，不断将变量完善的过程。

投资之前，做好功课

> 巴菲特曾调侃道："要是我开商学院的话，我只教授两门课。第一门毫无疑问就是投资课程，讲讲如何给企业估值。第二门就讲一下该如何看待股票市场，以及如何应对股票价格波动。"

投资要做好功课，在买某公司的股票之前，至少要知道这家公司是否出类拔萃。譬如，多分析上市公司的基本面，把市场和行业分析透，关注公司未来战略、财务和管理情况。这就是巴菲特认为应该在商学院教授的第一堂课。在他看来，只有投资人充分了解一家公司，他才可以不为市场情绪所干扰，坚持长期持有优秀公司的股票，从而获得可观的收益。

此外，遇到极端情况时，你所了解的信息也能帮你更从容地做一些核心决定。

虽然公司本身的质量很重要，我们要以公司价值而非股价为依据进行长期投资。但好公司的出价也特别重要，因为我们需要给自己留出一定的后退空间。

巴菲特认为，如果证券的价格只是它们真正价值的一个零头，那么购买这些证券实际上毫无风险，并且实现高收益也轻轻松松。

很多人认为价值投资的核心前提应该是给企业估值，但芒格却表示，没见过巴菲特真正算过企业的核心价值。这就说明巴菲特的很多投资都是粗略估计的，其投资行为都遵循着"模糊的正确"原则。甚至他多次强调的安全边际，也不一定有标准答案，具有不确定性。

巴菲特和芒格在 2002 年的股东大会上表示，应该培养出在拥有证券时也不必提心吊胆的性情，如果你专注于价格，就意味着你认为市场比你了解得还多；如果你在意的是一家公司的价值而不是价格，那么你晚上就能睡得安安稳稳。二十多年过去了，这句话依旧没有过时。

划重点

- 模糊的正确远胜于精确的错误，那些不需要计算器的投资，就是确定的大机会。

- 想要投资成功，首先需要保证的应该是投资方向，其次才是细节。

- 做好功课，才能帮助你找到"模糊的正确"。

从选股标准看企业

> 巴菲特反复强调："买股票就是买企业。"

投资界的人都在学习巴菲特。但实际上我们知道，巴菲特首先是一位企业家，投资只是他的副业。巴菲特 99% 以上的财富增长都源自伯克希尔·哈撒韦公司的股价增长。伯克希尔本质上是一家多元化实业控股集团，还自带投资＋保险浮存金双轮驱动，用保险浮存金❶进行投资。

正因自身经营企业，所以巴菲特非常了解企业与股票之间的关系。巴菲特一直认为，买股票就是买企业，就是买企业的一部分所有权。如果投资的企业本身不赚钱，投资人也很难赚钱。

就交易的本质而言，最终决定投资人成败的，是他所选的企

---

❶ 保险浮存金的意思是指保户向保险公司缴纳的保费，一般来说，保户缴纳的保费并非保险公司的资产，因此在财务报表中应当列入应付账款当中，属于公司债务，当保户出险时，则应当拿出保险浮存金来作为理赔金。

业，而不是这一波行情还能不能再涨多少，跌下来还能不能抄底。所以在某种意义上，巴菲特认为，人们买完股票后，第二天一早就盯着股价，用股价来判断自己的投资做得好不好，是糊涂的、短视的行为。

如果你翻开金融书籍，你会发现它们对风险的定义都是受到损失或伤害的可能。在投资世界里，风险就是指本金受到损失或伤害的可能。而投资本金受到损失或伤害的可能来自两方面：一是高价买入好企业的股票；二是买入坏企业的股票。所以，选择企业是最根本的环节，随着时间推移你会发现，你选的企业决定了你的成败。

那么，如何正确判断企业价值呢？

尽管没有哪位投资大师给过我们明确答案，但我们或许可以从他们透露出来的信息中揣摩他们的态度。比如，巴菲特就经常强调这么一句话："如果你因看到自己重仓的股票下跌而感到不开心的话，说明你不是真正看好这个公司。如果你真正看好它，股价下跌你应该会开心，因为你可以买到更多的东西。"

因此，或许我们可以从选股标准上来判断企业价值。

选股标准 1：好公司

巴菲特曾经坦言："我一生都在追求消费垄断企业。"

关于好公司，巴菲特比较偏向于有特许经营权的公司。巴菲特认为，特许经营权的持久性和实力是一家好企业的最重要标志。巴菲特所说的特许经营权主要包括三个方面的特征：被需要，价格自由，不受管制。

一家企业在十年或二十年后能够继续存在，并且能够以有利的价格对自己的产品进行定价，就是一家好企业。

不管是经营企业，还是做产品，其实都是在做"定价权"。因为利润来自没有竞争，红海中的"格斗"是打不出利润来的。企业的投资人要始终关注企业有多少战略空间，关注企业有没有定价权。企业能赚到多少钱，就取决于自身有多少定价权。否则，涨价没销量，降价没利润，怎么做都不能带来股价和企业核心战斗力的提升。

定价权不仅被巴菲特重视，芒格也对有定价权的公司情有独钟。

巴菲特曾经说过："评估一项业务时最重要的单一决定性因素是定价能力。"如果一个企业有能力提高价格而不会导致业务流失给竞争对手，那么这个企业就拥有非常好的业务。

相反，如果提价会导致业务流失，那么这个业务就是糟糕的。定价权实际上是一种"提价"的权利，而不是简单地将行业价格控制在某个水平。

在巴菲特看来，定价权是企业核心竞争力的重要体现，拥有定价权的企业能够在市场中占据有利地位，通过提高价格来实现更高的利润。这种能力反映了企业的品牌实力、市场份额、技术优势以及客户忠诚度等多方面的综合实力。

当然，寻找有定价权的公司并不容易。拿我国市场来说，根据三大交易所披露的数据，截至 2022 年底，我国 A 股上市公司已突破 5000 家，合计达 5067 家，其中上交所 2169 家，深交所 2736 家，北交所 162 家。在这么多家上市公司中，要判断哪家真正拥有定价权，有竞争力，有持续盈利的能力，能 5 年到 10 年以后还生机勃勃……先不论个人，就连投资机构都需要花费巨大精力去观察。

不过，在芒格的眼中，尽管找到那些具有定价权的公司很难，但是这件事绝对值得研究。

在芒格和巴菲特的投资生涯里，他们一直在寻找有定价权的公司。当然，找到有定价权的公司后，还需要做一番评估，以选出最有价值的股票。因此，在有定价权的公司里，巴菲特更加侧重于选择消费垄断公司。

巴菲特喜欢把市场上的众多公司分成两大类：第一类是投资者应该选购的消费垄断公司；第二类是投资者应该尽量避免的"产品公司"。

有些公司在消费者脑海里已经建立起了一种"与众不同"的形象，无论对手在产品质量上如何与这些公司做到一样，都无法阻止消费者钟情于这些公司。对于这类公司，巴菲特称之为"消费垄断公司"。

消费垄断的威力可以让人忽略产品本身的质量高低，也能够吸引顾客以高一倍的价格购买。消费垄断公司是顾客优先选择的对象。

巴菲特在买下一家公司的股份前，常常先这么问自己：如果我投资几十亿美元开办一家新公司，并聘请全国最佳经理人和这家公司竞争，我能够打进它的市场吗？如果不能，说明这家公司的确不错。但这么问还不够，他还会问自己更深层次的问题：如果我投资几十亿美元开新公司，请来全国最佳经理人，而且宁可亏钱也要与它争市场的话，我能够打进它的市场吗？如果答案还是不能的话，说明这是一家很优秀的公司，非常值得投资。

贝宝（PayPal）联合创始人曾经说过，所有失败的公司都一样，它们都无法逃离竞争。反之，那些垄断的巨头，因为没有竞争，能主导定价，所以能够不断攫取最大化利益而屹立不倒。

可以说投资大师们的认知是一致的。从巴菲特所持有的股票就可以看出。他持有的每一只股票几乎都出自全球知名企业，都是垄断性的或者拥有强特许经营权的。

可以说，投资超级明星公司，就是投资者走向真正成功的最大机会。

选股标准 2：好价格

> 巴菲特常常告诉投资者："我从不购买价格没有明显低于企业价值的股票。"

巴菲特经常说的找到有"护城河"的公司，找到有厚厚积雪的赛道滚雪球，这些的前提都是先找到"好价格"的股票。

卓越的投资人既关心回报，也关心风险。他们永远要以超级划算的价格买入实际价值高得多的股票。

有"护城河"的公司，要想雪够厚，赛道够长，就必须有一段可供其提升价值的空间，这一空间怎么得到保证？首先就需要"股价合理"。

怎样的股票价格才算合理？芒格说过："要想富有，你需要让自己处于'下行风险很小，上行空间很大'的环境里。"这里"上下行"的空间构成了一个安全边际，因此，投资人要努力寻找具有安全边际的合理价格。这里的"具有安全边际的合理价格"，也就是我们说的好价格。

对投资者而言，未来是无法预测的，再厉害的人也是人，是人就会犯错，所以安全边际至关重要。但安全边际的大小，则因人而异，需要看投资者能接受的商业价值波动幅度是多少，能忍受多严重的错误，有多少资本可输……

在本质上，投资者们想要抵消风险，能做的其实很少：使自己持有的股票足够多样化，在适当的时候套期保值 ❶，投资时寻找一定的安全边际等。从实际操作来看，只有安全边际（买入价）是最可控的。

值得强调的是，安全边际不代表绝对无风险。有一部分投资人会盲目追求确定性和精确性，期待自己完全掌握投资信息，殊不知这都是在做无用功。因为在投资界，甚至在我们的整个人生里，不存在完全没有一丝一毫风险的事情。而且市场瞬息万变，影响投资收益的因素有很多，低价总会伴随极高的不确定性，而当不确定性被完全解决的时候，价格又会水涨船高，收益空间缩小。

因此，投资者要学会接受信息不足的情况，承受一定的不确定性风险，这样才有机会获得丰厚的回报。

巴菲特的目的似乎从来不是找到上涨的股票，而是找到能轻易赚大钱的企业，这些企业不仅可以不断地维持利润的一定增长，还不需要资本的再投资。

芒格说过的一句话与巴菲特的这一投资目的"异曲同工"。

---

❶ 套期保值，是指交易者为管理因其资产、负债等价值变化产生的风险而达成与上述资产、负债等基本吻合的期货交易和衍生品交易的活动。

他说："股价合理的卓越企业胜过股价便宜的平庸企业。"

股价合理的卓越企业与股价便宜的平庸企业之间的区别就在于，即使平庸企业在股市出其不意取得一次好成绩，也无法企及基础深厚、早已形成长期持续盈利能力的卓越企业。因此，将投资目光放在更保险的、被低估的卓越企业，以合理的价格买入它的股票，而非等待平庸企业创造奇迹，这才是投资者真正应该做的事情。

我们可以从巴菲特的选股习惯上来认识这个问题。

在投资界，找到一家被低估的公司本身是一件很难的事。那些大家都不看好的公司，股价一定便宜得多。一旦投资成功，肯定能大赚一笔。但是，普通公司逆袭的概率很小，对投资人的眼界和能力要求更高。所以巴菲特不会去赌，他更倾向买入上市公司的股票。

有趣的是，巴菲特买上市公司的股票，是为了买到更"便宜"的股票。因为市场也有可能"情绪化"，在市场上买，可能买到比不上市企业的股票还便宜的股票。因此，追求"股价合理"并非不买"便宜股票"，而是指在价值范围内，其价格最为划算。一切都是为了追求"合理价格"。

所以我们看到，巴菲特有时也会买入未上市企业的股票。对他来说，未上市的企业，只要是好生意，价格合理，其股票也是值得买入的，并且可以长期持有。

划重点

- 你选的企业决定了你的成败。所以，从选股标准看企业，要成为"企业分析师"，而不是"市场分析师"。

- 特许经营权的持久性和实力是一家好企业的最重要标志，因为这能决定该企业能赚到多少钱。

- 不管上市还是未上市的企业，股价合理的卓越企业都胜过股价便宜的平庸企业。

- 同时满足好公司、好价格这两个条件，才是一个好的投资。

注重现金流

> 巴菲特曾明确指出："内在价值完全与未来的现金流有关，投资者的工作就是弄明白未来的现金流是什么样的。"

巴菲特一直强调，买股票就是买公司，买公司就是买公司未来现金流的折现。

1991 年巴菲特在谈及企业估值时曾说过：如果我们能够洞悉任何企业的未来，比方说 100 年或者企业灭亡时在企业和股东之间的现金流入及现金流出，然后以适当的利率将其折现到现在，我们就会得到内在价值的数值。

在巴菲特眼里，长远投资并不等于长期持股，而是强调用长期思维去看所投资的公司，思考其未来所能创造的价值，持股的时间长短其实可以灵活调整。

作为一个理性的投资者，最重要的应该是对市场的任何变化保持冷静。无论多看好投资标的，在投资的时候，都要高度重视现金流。

投资人应该关注股票质量，关心投资收益及从股票中获得的现金流。可惜的是，许多投资者都把注意力集中在了公司过去的营收情况，以及对其盈利增长的预测上。

巴菲特现在依然非常重视对现金的储备。假如你达到了一定的投资境界，你就会发现，他持有现金是为了耐心等待股票价格进入市场底部区域。巴菲特清楚地知道，未来是不确定的，他唯一能把控的只有握在手中的现金。

现金为王

> 巴菲特关于现金流最著名的一句评论是："现金是氧气，99% 的时间你不会注意它，直到它没有了。"

2019 年末，伯克希尔持有价值近 1300 亿美元的现金储备，现金仓位超过其股票持仓的 50%，但这一业绩却引发了股东们的不满，股东们认为巴菲特错过了辉煌的牛市，手握现金，远比不上多拥有几只大股。但在随后的疫情中，金融市场持续动荡，股价一跌再跌，现金反而成为可靠的资产，此时，大家又开始称赞"股神名不虚传"。

巴菲特在股东大会上是这样总结这一行为的：现金为王，为风险与回报机会做好准备。

不单是在萧条期，就是在寻常年份，巴菲特也是如此行事的。按照巴菲特的投资逻辑，投资者应该优先以合理的价格买自己能看得懂的、具有长期稳定现金流的公司的股票。

巴菲特第一次买苹果公司的股票时，恰好在苹果公司亏损的时候，而且那时他持有的其他股票已经有好几年跑不赢市场指数了。不去思考如何挽救其他股票，而是去买苹果公司的股票，还是在苹果公司亏钱的时候买，这一举动使巴菲特受到了很多人的嘲笑。但结果是：苹果公司挽救了巴菲特的声誉。巴菲特在这只股票上赚了将近 1000 亿美金，弥补了其他持仓的亏损。

在巴菲特的传记里，他解释了自己为什么不早点买苹果公司的股票。是因为他要买的是有现金流的苹果，而不是正在专心研发、前景莫测的苹果。

现金流就等于内在价值！

> 段永平认为："公司未来现金流的折现就是公司的内在价值。买股票应该在公司股价低于其内在价值时。"

就我个人的投资观而言，在市面选股指标纷繁复杂、市场情况不容乐观的时期，对现金流的考核要排在企业考核的第一位。

利润很重要，但利润只是一堆应收账款和存货。没有现金流的企业，风险程度非常大。而拥有现金流就不一样了，即使没有利润，只要有足够的现金流，企业就可以活得很好。譬如亚马逊十年来都是亏损状态，但它依然活得很好。

巴菲特一向认为，内在价值为评估投资和企业的相对吸引力提供了唯一的逻辑手段。所谓公司的内在价值，是一家公司存续期间所能产生的现金流的折现值。

尽管内在价值只是一个估计值，不是精确值，但利率或者现金流量改变时，这一估计值也是必须更改的。

巴菲特的核心估值逻辑就是：对于能够大概率预见未来的公司，尽量估算该公司未来可以产生的现金流，并将其与买入价格进行比较。具体的估值方法，巴菲特认同经济学家约翰·伯尔·威廉姆斯（John Burr Williams）《投资价值理论》中的"未来现金流折现法" ❶。

在此基础上，对于估值的不确定性问题，巴菲特提出了两种解决方法。第一种是坚持能力圈原则，固守自己能理解的行业；第二种是坚持在买入价格上留出足够的安全边际。

尽管如此，在估值较为确定的情况下，巴菲特主要还是遵循本杰明·格雷厄姆的价值投资学，该学派总是致力于根据企业内在价值寻找市场价格偏离内在价值的证券。

---

❶ 这一方法为：股票、债券或非上市企业的价值，都等于其预计存在期限内现金流入和流出的差额，以一个适当的利率折现到今天的总值。

因此，在寻找股票时，巴菲特会综合考虑，不仅会考虑公司业绩、公司债务等指标，还会在自己的能力圈内为自己留出安全边际，更会着重考虑利润率。

当他买入一家公司的股票时，他会尽量估算该公司未来可以产生的现金流，并将其与买入价格进行比较，从而得出一个合理的买入价格。巴菲特认为，一项资产目前市价只是略低于其内在价值，我们没有兴趣买入它；只有在有"显著折扣"时，我们才会买入。

投资大师以上的操作告诉我们，一定要注重现金流，至于股利报酬率、成长率等投资标准，除非它们能够提供企业未来现金流入流出的线索，否则这些指标就和股票的内在价值评估没有一点关系，有时甚至还会起反作用。

找到永不枯竭的现金流

> 巴菲特认为，投资者一定要注重自由现金流这个指标，这才是投资者能够实实在在拥有的东西。

在社会运作下，各种商业模式都在强调"好人好事好时间"，但实际上，就资本运作而言，商业模式就两个关键词：现金流驱动和资本配置。

巴菲特和芒格一生都在追求最有效的资产配置，也就是找到使用成本低廉甚至接近于零的长期资金，将其配置到不断产生现金流的高回报的企业。

因此，巴菲特能达到现在的财富成就，绝不仅仅是因为他会买股票。

我认为普通人很难效仿巴菲特的核心点在于，他通过并购造出一台可以源源不断创造现金流的资本机器，然后，他再用这些源源不断的现金流继续购买能创造更大现金流的企业，或者投资能够带来大量现金分红的企业。

在众多富豪眼中，他们需要各种投资中介解决的问题其实只有两大类：降低交易成本和降低交易风险。而富人的富有主要源于他们都在做大概率的事情。因此，遇到取舍，不要以压低成本为动机，而要以提高利润为动机。

值得提醒的是，资本市场，包括 PE（Private Equity，指私募股权投资）、VC（Venture Capital，指风险投资）及其他投资中介，都只是达成目的的手段，不是结果，只是工具。他们能帮助我们达到目标，但它们不是万能的，我们不要把资本市场赋予全能的角色。

那么，仅从投资角度看，就是不要买便宜的平庸资产，要买立即且能持续带来现金收入的资产。

划重点

- 坚持现金为王,为更好地应对风险和抓住回报机会做好准备。

- 只要有足够的现金流,企业就可以活得很好。

- 一定要注重自由现金流这个指标。从投资的角度而言,要买能持续为你带来现金收入的资产。

时间是优秀企业的朋友

巴菲特表示："时间是优秀企业的一个伟大盟友。"

　　巴菲特认为他和芒格选择的不是股票，而是公司。在他眼中，持有股权的目的是对优秀企业进行有意义的投资，譬如一些具有长期良好经济特征和值得信赖的管理者的企业。他还特别强调，他持有公开交易的股票是基于对其背后公司长期经营业绩的预期，并不是把它们看作短期买卖的工具。

　　巴菲特曾多次举例，如果股票市场关闭 10 年，他仍然可以从他对可口可乐的投资中获得稳定的现金流。因为十年后，该公司的收入很可能会超过今天的收入，而且分配的股息收入很可能会超过今天支付给股东的收入。在可口可乐股东大家庭里，所有人的财富都以同样的速度持续增长，一切都十分协调。投资者什么都不用做，仅仅通过持有股票，就可以获得这样不断增长的被动收入。

著名私募投资人但斌曾经把选股方法精简为两点：世界改变不了的和可以改变世界的。

我认为，股票发行注册制推出后，我国投资市场的两极分化会越来越严重，卓越的公司会越来越厉害，平庸的公司会更加被边缘化，甚至被迫离场（退市）。"时间是好生意的朋友，烂生意的敌人"这句话的意义，在未来将变得更加突出。

好的企业需要时间

> 巴菲特曾说："经验表明，经营盈利能力最好的公司往往是那些经营方式和 5 年前甚至 10 年前一样的公司。"

巴菲特非常重视所投资公司业务的长期稳定性。他认为，盈利能力强的企业往往也是经营方式比较稳健的企业。当然，管理层也不能太自满，必须考虑企业进一步的发展。

在巴菲特看来，投资者在选择企业时首先要注意两个方面的问题：一方面是企业是否具有真正的竞争优势，另一方面是企业竞争优势能否长期持续保持。

因为，时代的列车呼啸而过，坐上了，我们可以一帆风顺。可是我们不可能一直能坐在车上，总是要下车的。当企业达到兴盛的顶点，又或许企业不再是社会发展的领头羊和主导产业时，必然会走向衰落。但好的企业一定经得住时间的考验。

　　巴菲特追求稳定近乎"偏执"，他致力于寻找十年或二十年后还能有竞争力的公司，只选择那些在某一行业长期占据统治地位、技术上很难被人剽窃并有过良好盈利记录的企业。

　　他认为，在投资时，关键不是确定某个产业对社会的影响力有多大，营业额会增长多少，而是要确定所选择企业的竞争优势，更重要的是确定这种优势的持续性。因为长期的可持续性竞争优势是任何企业经营的核心，这样的企业一定能为投资者带来满意的回报。

以 5 年为起始点

> 巴菲特向投资者建议："以低于内在价值的价格，集中投资于优秀企业的股票并长期持有。"

　　巴菲特曾经表示，评估一家公司正确的思维方式是，确认长期来看这家公司是否能越来越赚钱？如果答案是能，那么别的问题就用不着问了。只要是好生意，别的因素都不重要，就他本人而言，不管投资哪家公司，他买的时候都不设定价格目标。他对自己投资的公司，现在看好，五年后一样看好。

　　巴菲特看中的股票，平均持有时间超过 8 年。在他看来，短期股市的预测是毒药。巴菲特认为，股价和公司收益没有"第一时间"的关系，巴菲特几乎不做任何程序交易，也从不会为了博任何一家公司的下一季度收益而做短线投机。

巴菲特本人的投资始终围绕着投资股票就是投资公司的理念，长期寻找市场价格低于其内在价值的优质股票。在这一点上，他还常常建议投资人应该多关注企业的实际价值和长期潜力，少追求短期的股价涨跌。

芒格也一样，他一方面非常注重长期投资的价值，认为长期持有优质企业的股票，是获得稳定和可持续回报的最佳策略。另一方面，他特别注重概率。他认为，投资人要懂得选择。在劣势大、优势也大的时候，才有事情要忙。也就是说，在风险和收益都显著的情况下才值得投入时间和精力进行深入研究和分析。反之，在胜算不大的时候应选择撤离。

严格意义上讲，真正的价值投资在投资道路上是没有多少竞争对手的。在众多价值投资者的观念里，少动一定比多动能赚钱，长线一定会比短线更靠谱。他们之所以能成功，很大程度上就是因为持股时间达到了 5 ~ 10 年。而他们身边其他的投资人很少会持股如此久。所以，成功的路上其实并不拥挤。

做时间的交易者

> 巴菲特指出："我们的经济命运将取决于我们所拥有的公司的经济命运，无论我们的所有权是部分的还是全部的。"

巴菲特在对待时间上一直很从容，坚持"与时间握手，与时间做朋友"的人生真谛。在巴菲特眼中，时间是优秀公司的朋友，是平庸公司的敌人。

投资投的是未来、前景和想象力。投资人应该盯着那些有核心回报的，在持续成长的优秀企业，跟随它们一起成长，让时间带来巨大的收益。因此，长期持有就是投资人可以轻松享受复利效应带来丰厚回报的一个最优法则。

享受时间这个朋友带来的馈赠需要几个要素，即清晰的自我认知、独立的判断能力、耐心坚定的等待。

投资人明确自己的投资目标和风险承受能力之后，才能根据时间、资金、行业、周期等要素选择适合自己的投资标的。

而市场的噪声无处不在，随时都在变换的 K 线，随时变动的价格等，都会给投资人造成困扰。只有独立思考的人，才能够选得准、拿得稳，收获芬芳的时间玫瑰。

巴菲特多次强调自己并非先知，既无法预期市场走势，也不懂复杂的技术分析。但他坚信，对比其他投资品，股票资产长期来看是最具备保值功能、投资价值的大类资产之一。

巴菲特胜就胜在，不管他获得的王冠有多么显赫耀眼，他始终都保持敬畏心，敬畏市场，敬畏自己能力圈，只做自己熟悉的东西，而且坚持做时间的朋友。

━━━━━ **划重点** ━━━━━

● 好企业的成长需要时间，在选择企业时要看其是否有长期的可持续性竞争优势。

● 避免短线投机，专注长期投资。长线投资比短线投资更靠谱。

● 时间是优秀企业的朋友，要关注那些优秀企业，与其一起成长。

好公司"由于有能力而幸运"

菲利普·费雪认为，那些数十年来一直保持着惊人的增长速度的公司可以分为两类，一类为"由于幸运而有能力"的公司，另一类为"由于有能力而幸运"的公司。

在 2009 年的一次股东大会上，巴菲特指出，为了防止通货膨胀，你能做的第一好的选择就是投资你自己和你的技能，第二好的选择是投资优质企业。

提到这点，相信所有投资人都关心一个问题：好公司与好价格哪一个更重要。我仔细研究了巴菲特的投资理念之后发现他更偏向于好公司。巴菲特所选择的好公司，就是那些因有能力而极其卓越的公司。

这一点也是费雪的投资精髓所在，宁愿投资少数出类拔萃的公司，也不要投资大批平庸的公司。

这些出类拔萃在行业中有很强地位的公司，通常能够在市场中保持竞争优势，具有更高的成长潜力和更稳定的收益。

这些好公司也正由于能力出众，而成为被投资的幸运对象。

先找到一匹好马

> 巴菲特认为，只有优秀的马搭配技术高超的骑士才能取得好成绩。

关于投资，巴菲特在多个场合的公开演讲和访谈中提到过这样一个故事。

你买下一个农场，是因为你希望每年都能收获一定数量的玉米、大豆、棉花或其他能给你带来好处的东西。但在此之前，你需要想一想你要多少玉米，多少大豆。你得付给农民多少钱，需要缴纳多少税等。你需要做一个合理的计算，再决定这是不是一个好的投资。

这就像你想要投资一家公司，要事先想一想它能生产什么，能为你提供什么，以及如何利用这些资本来获得更多的生产性资产。

关于怎样判断一家公司是否优秀，巴菲特认为，首先要分析的是公司的业务。只有拥有好的业务，公司才能够有更好的发展。

很多人觉得公司中最重要的是管理层。他们觉得一家公司只要拥有足够优秀的管理层，就可以扭亏为盈，好上加好。以前巴菲特也这么觉得，但经历伯克希尔纺织公司的教训 ❶ 后，巴菲特意识到一家公司最重要的是业务。他举例道，**想要在赛马场上赢得比赛，先决条件是必须有一匹好马。**

优秀的马配上技术高超的骑士，能够取得非常优秀的成绩；优秀的马配上技术一般的骑士，也能够取得比较不错的成绩，如果没有一匹好马，再优秀的骑士也无法发挥他们的本领。

所以，巴菲特一直都在寻找那些业务容易看懂、有可持续经营经济特征、拥有杰出管理层和以股东利益为导向的大型公司。

真正的好公司

巴菲特在谈到如何判断一家好公司时说道："一家真正的好公司可以很好地应对市场的变化和竞争。"

市场上的投资者可分为两类：一类是看透投资本质，认真赚钱的；还有一类是标榜各种专业理论、各种资金流向，最后损失惨重的。

巴菲特调侃，他喜欢投资的那种"傻瓜都能经营好的公司"，其实讲的就是投资的本质。他不否认公司管理层的作用，但他更

---

❶ 二战后受到廉价进口纺织品的冲击，伯克希尔纺织公司濒临破产，秉承着"捡烟蒂"投资法，巴菲特以低价买入伯克希尔，然而纺织生意每况愈下，巴菲特不得不承认："我们因为贪便宜而介入了一个糟糕的企业。"

倾向于寻找"护城河"足够宽广，即体系足够优良，制度足够完善的公司。

在巴菲特看来，**一家真正伟大的公司必须有一条坚固持久的"护城河"，来保护它的高投资回报。**

巴菲特指出，通过现代化方式赚到 1 美元的公司和以传统方式赚到 1 美元的公司没有什么区别。真正重要的是周边有"护城河"的公司，"护城河"越大，公司就越稳定，对管理的依赖性就越小。

如果一家公司本身拥有很宽阔的"护城河"，有非常优秀的可持续盈利能力，并在竞争中处在优势的地位，那么一般来说，它的出错概率就会变小，它的机制会实现自我保护。

需要注意的是，如果长期持有一个烂生意，即使购买时价格再低，也不算是安全的投资，最终获得的收益也会很少。因为劣质公司往往隐藏着较大的风险。

相反，如果长期持有好生意，即使购买时价格不算特别便宜，也可以视为一种有保护的投资，因为优质生意通常能够带来长期稳定的收益，只要长期持有，大概率会获得出色的回报。

所以，在投资道路上要审慎选择，寻找那些拥有坚固"护城河"的优质公司。这样的公司不仅能够在市场竞争中稳扎稳打，更能为投资者带来长期稳定的收益。

记住，真正的好公司是那些能够自我保护、持续盈利并创造价值的公司。

用全局思维观察"幸运"公司

> 巴菲特表示："忽略技术，投资投的是公司。"

巴菲特多次提醒投资人，在做股票投资时，不能仅仅依赖价格走势，更不能只凭 K 线图就作出投资决策。

投资者真正应该做的，是深入研究公司的基本面，考虑其长期的增长前景和市场潜力。

巴菲特在选择投资对象时总是精挑细选，志在选择有宽阔"护城河"，有持续增长率，而且能形成垄断的优质企业。他只做大概率上能投资成功的公司。不符合这些条件的公司，他都不要。由于会选择，又懂得放弃，他才能特别信任和理解自己选择的公司，才能做到逆向投资。

做人要做不可复制、不可替代的人，但是你如果想赚更多的钱，赚钱的模式一定得是可以复制的，可以大规模扩张的。

表面上看，巴菲特所遵循的策略是不变的，但这里面包含了很多需要考虑的准则。

首先是企业准则：一是企业应该简单易懂；二是企业应该有持续稳定的运营历史；三是企业应该有良好的前景。

其次是管理准则：企业的管理层是理性的，管理层对股东是坦诚的，管理层能抗拒惯性驱使。

再次是财务准则：重视净资产收益率，而不是每股盈利；计算真正的股东盈余；寻找具有高利润率的企业；企业每留存一美元的利润，必须至少创造一美元的市值。

最后是市场准则：确定企业的价值，在企业价值标准下，我们能否以较大的折扣价格买入？

巴菲特认为，如果真的研究透了一家公司，任何人都敢下注。

划重点

● 判断一个公司好不好，首先要分析的是公司的业务。

● 一个有能力的好公司能很好地应对市场的变化和竞争。

● 深入研究公司基本面，利用全局性思维选择好公司。

第四章

chapter 4

心态成就
投资结果

优先做好亏损准备

优先做好亏损准备

芒格告诫投资者："时刻为危机做好准备。"

有段时间流行一句很火的调侃，说 A 股市场或是中国最大的知识付费平台。

在 A 股市场，人人满腹才华，张口"宏观大势"，闭口"十年国运"，左手"人口走势"，右手"景气空间"，简直是上知天文，下知地理。但这些人中，大多数人的投资结果都是亏钱。这些人继续发挥乐观精神，调侃着在股市亏的钱也算是为"知识"付费了，因此才有了这么一句话。

从某种程度来说，在股市，的确需要"付费"，最不济也需要交个"学费"。因为只要是投资，就有亏损的风险。

在这一点上，芒格曾做出这样的分析：只要是投资有价证券，必然可能出现下跌的风险。而持有货币，货币也存在贬值、购买力不断下降的风险。

经过权衡取舍，芒格最终选择避开货币贬值风险，承受有价证券下跌的风险。

芒格强调的是，赚钱是在买入的时候发生的，正确买入，既需要耐心，又需要考察概率。就像带兵打仗一样，战斗就那一瞬间，而日日夜夜的操练准备，耐心等待更有利的出击机会，才是制胜的关键。

战斗赢在妙算，因此大多数战争在开战前就已有胜负。投资也是如此。

在不确定中寻找确定

巴菲特常常告诫投资者："未来唯一确定的就是不确定。"

巴菲特认为，如果某项业务存在很多不确定因素，投资成功率就会很低。

一般情况下，确定性决定着仓位高低。类似于"一分价钱一分货"的道理，不确定性经常伴随着低价格，确定性强的股票往往要价更高。因为，不确定性实际上就是一种有成本的风险。

巴菲特是这样谈不确定性风险的，他认为，从本质上看，风险是一种对未来业务的判断。

很多时候，我们只是不知道未来会发生什么，这并不意味着未来发生的事情一定有风险，正是这个"不知道"，对我们来说才是有风险的。因为对一个了解未来会发生什么的人来说，他可能根本不会察得有风险。

投资，可以说是一场"在不确定中寻找确定"之旅。

在投资市场，有一些人因为不想付出代价，所以极其厌恶损失，甚至痴迷于对确定性的追求。但是，不确定性才是市场最为本质的规律，也是市场能够存在的前提和基础。

投资和人生的不确定性都源于我们处于复杂的系统中，我们无法控制这个系统，只能努力去适应。一方面，我们要接受不确定性是常态，要有风险意识；另一方面，要未雨绸缪，提前做好应对准备。

某种意义上，接受事物和环境的不确定性，并非让我们听天由命，而是让我们在做事时更系统地准备，更灵活地应对，更坚定地行动。

培养反脆弱思维

> 由于有了反脆弱性，我们做得要比我们想象的更好。我宁愿做愚钝但具有反脆弱性的人，也不做极其聪明但脆弱的人。
>
> ——《反脆弱：从不确定性中获益》

《反脆弱：从不确定性中获益》的作者纳西姆·尼古拉斯·塔勒布（Nassim Nicholas Taleb）在书中把这个世界的事物分为

三类：脆弱的、强韧的和反脆弱的。

他认为，脆弱的事物在受到外界压力时会破碎、受损伤，就像玻璃杯掉到地上；强悍的事物在受到外界压力时，本身不受外界的影响，就如铁做的杯子掉到了地上；而反脆弱的事物，可以在这个波动的世界中随着压力而进化，让自己变得更强大，就像乒乓球、篮球一样，掉到地上会反弹起来。

"反脆弱"思维模型是芒格赞赏的模型之一。芒格强调，"反脆弱"最主要的特点就是从不确定中获益。也就是说，在最糟糕的情况下，不仅能安然无恙，还可以主动拥抱风险，进而对冲风险，让自己变得更强大。

这是一个超越复原力的概念。复原力是抵御冲击，并在重创后复原的能力，而反脆弱性超越了复原力，让事物在压力下逆势成长。

金融市场是一只快速吞噬金钱的怪物，任何交易都可能亏损，如果在历史极端行情里扛不住，那么其方法、策略和标的在面对未来时，也终将是脆弱的。而"反脆弱"思维会要求投资者必须在财务方面和心理方面做好充分的准备，以应对股票市场的反复无常。

正如巴菲特告诉很多投资人的一样，如果你不能眼睁睁地看着你买的股票跌到你买入价格的一半，并从容地计划你的投资，那你就不该玩这个游戏。

与其恐惧，不如承担风险

2019 年，巴菲特在股东大会上公开表示：愈害怕投资有风险不行动，就注定一辈子赚辛苦钱！

芒格认为，投资者其实每天都面临双重风险：损失资金的风险和错失机会的风险。一举满仓和完全捂紧钱包的人，都可能会把自己完全暴露在某一风险之下。

巴菲特的老师格雷厄姆曾建议，投资者投在股市的资金一定不要少于 25% 或多于 75%，当市场下跌时，投资比例要更接近 75%；当市场上涨时，要更接近 25%。

巴菲特一直强调，投资是一项风险很大的活动，在投资之前，应该慎重考虑。

一般人对于利润和风险，都是先评估利润，再评估风险，而真正的高手是先评估风险，再评估利润。他们先审视未来的风险，确保自己立于不败之地，再追求利润。因为他们深切明白，风险和利润既是相辅相成的，也是相互对立的。

巴菲特曾在他的传记里多次提到，付钱过多的风险时常会让人不安，在一个过热的市场中进行采购的投资者需要认识到，即使买到一家优秀公司的股票，你也可能需要花相当长的时间才能弥补当时多支付的钱。

或许，有一些人无法成功，就是因为不愿承担风险。

在股市里，人人都会告诫后来者"投资有风险，入市需谨慎"，是因为，投资是个浮浮沉沉的过程，如果不能准确评估自身的风险承担能力，也不能看清投资本质，进入股市只会成为一场人生灾难。因为，富贵有时候在于选择，有时候在于风险承担。

那些追求超一流业绩，却总是进行大量分散投资的投资人简直是在缘木求鱼，因为在大量分散投资的时候，看似是在平摊风险，实际上是扩大了风险范围。在这样的风险状态下还想获得投资成功，简直是不可能完成的任务。

不管是投资还是做人，本质上都是拿你有的换你要的，同时明确自己的风险和成本。

划重点

● 不确定性是市场最为本质的规律，我们要接受并未雨绸缪。

● 学习运用"反脆弱"思维，让自己变得更强大。

● 投资如修行，明确自己的风险和成本，然后勇敢承担。

保持理性

芒格指出："你必须用心、努力去做到理性，而且你必须重视、在意理性。如果你自己都不在乎自己是不是理性，不努力去做到理性。那你可以随自己喜欢而一辈子不理性，然后承受必然会得到的糟糕结果。"

在 2019 年到 2022 年，全球媒体不断报道疫情变化，我们每天都处于变化中，每时每刻都会遇到以前从来没遇到过的事情，市场的消息令所有人的投资情绪变得非常脆弱。在这种情况下，有人惴惴不安，有人瞻前顾后，进行着抛售、满仓、买入、退出等各种行为，市场也被情绪反向感染。

在芒格看来，根据股票的波动性来判断风险、作出决定是很傻的，因为结果无非只有两个，要么是血本无归，要么是回报不足。其实，越是在这种时候，我们越是要保持平常心，保持理性的情绪和理智的思考，冲动反而可能会使我们犯下更大的过错。

大部分投资者太过于浮躁，担心过多，而成功需要平静。保持理性的思考，惊喜说不定就会慢慢酝酿而出。所以一个真正卓越的投资人，需要极大的勇气和内心的波澜不惊，要有清晰的方向和理性的思考。

有时候我在想，我们的大脑中可能存在着一个类似于照相机的曝光装置，将我们所熟悉的事物和词汇自动标记为好的、坏的、喜欢的、厌恶的……比如，当你看到符合你审美的人，就会产生好感，然后才会通过理性的思考追溯为什么会产生喜欢的情绪。理性好像是情感的一个慢动作，是情感的后续表现。实际上并非如此，理性有时候可以经过我们的刻意培养，走在情绪之前。

每个人都在评价别人不够理性，而认为自己足够理性。但在现实中，能够真正做到独立思考的人不多。

很多成年人会发现，现实往往不是自己所期望的那样。但即使不够如意，也不能做出"病急乱投医"的事情，我们要做正确的事情，让事情围着自己转，而不是自己围着事情转，否则会越转越深陷其中。不过，我们可以先从调整自己的理性情绪和理性反应开始，保持冷静，保持思考，作出避免损失的决策。在遇到不喜欢的现实时也能够正视它，做出"训练有素的反应"。

生活中，如果我们想要避免过多损失，作出正确决策，必须开始刻意训练自身的理性思维，尤其是在投资领域，更需要我们重新审视情感和理性的关系。芒格甚至特意强调，要跳出来做独立思考，要能控制自己的情绪。

避开强烈情绪

> 巴菲特指出："投资应该使用大脑而不是腺体。"

拥有稳定的情绪对于投资来说至关重要，我们应该学会控制原始的非理性情绪。当投资人遭遇巨大的刺激和变化的时候，往往会出现很多奇怪的行为。很多时候，人生最危险的敌人不是你眼中的坏人，而是情绪失控的自己。因此，巴菲特说："投资人最重要的特质是性格，而不是智力。"

我们要当心自己过于强烈的情绪，因为当一个人的脑海中只剩下一个念头时，是非常危险的。他们往往会选择极端的解决方案，仿佛已经穷途末路。情绪不可怕，可怕的是在极端情绪驱使下做出来的行动和决定。

对于投资者而言，每当遇到暴跌的时候，都会在相信自己的投资和恐惧损失这两种心理之间徘徊，饱受身心折磨。其实，在这种时候，折磨他们的甚至都不是困难本身，而是他们自己一遍遍的负面暗示。

如果没有持续稳定的理性这个帮助我们思考的保护膜和过滤器，我们的人生就容易陷入漩涡，作出错误的决策。

我们应该观察自己的情绪，注意不在极端情绪的影响下作出重大决策。将每一次的失利看作是通往成功道路上的小插曲，是生命额外的馈赠。

在投资界，有两种东西最容易使人犯错，一种是利益诱惑，一种是焦虑情绪。这二者归根结底，都是因为我们没有具备充足的理智，产生了非理性的情绪。

市场上，有太多不理性的投资，不是大家智商不够，也不是大家缺乏经验，而是他们在面对巨大的利益诱惑时总是轻易投降，受困其中。他们要么拥有不切实际的预期，要么固守长期以来形成的错误观念，无法理智接受现实，无法接受新的观念。

芒格认为，如果我们能够学会克制自己的非理性情绪，就能避免做出导致低级决策的行为。平静、理智，对待失败淡然处之，对待胜利不骄不躁，这样的行为才能够帮助我们获得比其他投资者更大的优势。

成功的必要条件：客观和冷静

> 芒格告诫投资者："保持客观和冷静，这种理念永远不会过时。"

芒格一直坚持，投资是一项理性的工作，如果投资人不能理解这一点，最好不要参与。

巴菲特也认为，保持合理、客观的投资态度是成为成功投资者的必要条件。他表示，投资不需要太高的智商，但是需要稳定的情绪。

在他们的眼中，一个投资者必须具备良好的判断能力，同时还必须有坚定的思想以隔绝市场中极易传播的情绪，这样才有可能获得成功。

在伯克希尔·哈撒韦公司的年度股东大会上，巴菲特分享道，成为最受欢迎的投资者的关键是，不要情绪化，至少在生意上是这样。他强调，伯克希尔历史上从未有过情绪化的决定。

在投资市场上，情绪的力量往往比理性的力量更为强大。而人只有在足够冷静的状态下，才能分析利弊，才能更好地思考，摸清自己和对手的筹码，找到出路。因此，投资人必须能够控制自己，不要让情感左右你的理智。

芒格希望投资人都能够将理性排在第一位，必须重视理性，在意理性，用心、努力做到理性。为什么他会将理智看得比知识、智力、耐心更加重要？这是因为，在他看来，理性是按照世界本来的样子看世界，出于利益诉求来看世界，而不是按照个人的想法。

格雷厄姆创建的价值投资原则中也如此强调：要保持理性、客观和冷静。

那些能够始终保持坚定，不受市场环境和市场情绪影响的人，都是散发着理性光芒的人。

保持理性的路径

> 定而后能静，静而后能安，安而后能虑，虑而后能得。
>
> ——《大学》

保持理性的路径有很多。始终保持平和、平静的心境，让一切安静，让你的"心镜"照映出这个世界的真实样子，而不是那个被情绪滤镜扭曲的幻象，是保持理性的路径之一。

芒格花在思考上的时间比在行动上的时间多得多。他认为，在投资一只股票之前，要学会先用逆向思考摒弃一些容易失败以及能力圈以外的事情，然后再用多学科的思维和双轨分析法筛选股票。即使是经过这么严密的思考，在最后行动之前，他还是会进行最后一轮思考，并检查好清单，才做实际行动。

保持理性的另一条路径就是作出最好的正确判断，选择出真正有价值的方案。

芒格表示，人们有一种叫作"自我服务偏好"的心理因素，这经常导致人们做傻事。

当我们不能确定自己是否有"清晰的思考和逻辑、分散投资风险的能力及耐心等待长期回报的素质"的时候，按兵不动、不懂不投，也是一种明智的选择。

保持理性的第三条路径就是清醒地面对现实，不要妄图阻挡"前进的火车"。

比如，现今，人工智能就是未来的趋势之一，我们没有办法选择要或不要它，只能接受它的到来。同时，我们也应该清醒地认识自己的能力。如果对新市场不够了解，就不要盲目、随意对一个新兴行业作出判断。不管做什么行业的投资，都不要相信蛇能吞象，理性是永远有意义的。我们要不断学习和研究，提升自己的投资技能和深化对市场的理解。

那些成功的投资者一直都是睁着两只眼，一只望着市场，另一只永远望着自己。

校正自己，永远比观察市场重要。

划重点

● 主观情绪是扰乱我们投资行为的根本原因。非理性情绪下作出的投资决策，可能会带来不可挽回的损失。

● 从某种意义上说，保持理性能够帮助我们拥有深入本质的思考能力，找到成功概率更大的事情去做。

● 理性思维是股票投资入门的基本功。做自己能力范围内的事，不断增进自己的投资能力。我们要认识到，股市里的钱是赚不完的，所以不必贪心。

专注！专注！

巴菲特的时间管理策略是，专注做 20% 的要事，避免 80% 的琐事。

《韩非子·喻老》中有一则古谚，叫《赵襄王学御》。

赵襄王学御于王子期，俄而与子期逐，三易马而三后。

襄王曰："子之教我御，术未尽也。"

对曰："术已尽，用之则过也。凡御之所贵，马体安于车，人心调于马，而后可以追速致远。今君后则欲速臣，先则恐逮于臣。夫诱道争远，非先则后也。而先后心皆在于臣，上何以调于马？此君之所以后也。"

王子期指出赵襄王驾车落后于他的原因在于，他虽然学会了技术，但是在驾车的时候却一心想着如何追上前车，注意力没有放在马车和马的身上，没有顾得上与马车协调一致。

这则古谚带给我们的启示是，如果不专心致志，不能摒弃杂念，就会事与愿违，只有集中精神，才能使自己的智慧、能力得以充分发挥，取得好的成绩。

据说，比尔·盖茨与巴菲特第一次见面的时候，盖茨的母亲让他们分别分享自己取得成功最重要的因素，盖茨和巴菲特都给出了同样的答案：专注。

很多人会觉得，专注已经是一个老生常谈的话题了，但是，古往今来，每个获得成功的人都还在强调专注的重要性。专注对于我们来说，是一个历久弥新的话题。

巴菲特有一个著名的 80/20 时间管理法则：只做 20% 的优先级任务，就可以达到 80% 的成果。他认为，人的时间精力是非常有限的，如果你想实现目标，就要有所取舍。

每个人的认知都有局限，能够把握住的东西少之又少，我们要把精力聚焦在重要且可知的事物上。巴菲特甚至强调，年轻人要专注一个目标，实现一个，再找下一个。

简单想，认真做

> 芒格常常告诉投资者："凡事往简单处想的人，才是真精明。"

华尔街群星璀璨，从来不缺聪明之人，但是在大浪淘沙下，巴菲特"股神"的招牌却一直屹立不倒。所有人都在分析其中的原因，结论众多，但实际上，答案只有一个。那就是，巴菲特找到了自己的投资体系，从很年轻时就开始按照自己的体系去行动，一直坚持到现在。

而现在，许多人之所以一辈子都没能实现大富大贵，其根本原因就是其一生都没有建立起自己的理财思维，没有形成自己的投资体系，并为之坚持。

对于自己的成功，巴菲特在一次股东大会上和大家分享了关键的方法："找到你真正想做的事情，然后从事一生。"这就是巴菲特异于常人的地方。他能坚持简单原则，找出一件自己真正想做的事，然后专注于这件事情，直到成功。

那么，身为普通人，我们应该怎样"简单想"？

在这里，我们需要明白，每个人最大的成长空间都来源于自身的优势领域，天赋是一个人的上限。而你不厌其烦去做的事情，就是你自己的天赋所在。

芒格多次强调："如果你们真的想在某个领域做得很出色，那么你们必须对它有强烈的兴趣。我可以强迫自己把许多事情做得相当好，但是我无法将我没有强烈兴趣的事情做得非常出色。"

因此，天才首先是因为热爱才会去做，我们要找到那件能让自己一直不厌其烦做下去的事情，这样，事情便会真正"简单"起来。

那么，我们又该怎样"认真做"？

本质上，优质才干的挖掘，就是让自己从不自知到自知，更有意识地驾驭自我，更有目标地与外界互动的过程。在过程中，我们早已实现了"做"的目标。

拿大多数人的事业来说，对于很多人而言，重要的是工作本身，而不是你为之工作的人；重要的是你自己的行为，而不是任何你的行为可能涉及的对象。

当你开始纯粹、专注地做一件事，就不会目标不坚定。

投资，贵精不贵多

> 二鸟在林，不如一鸟在手。
>
> ——《百年英烈传》

《孙子兵法》中有这样一句话："途有所不由，军有所不击，城有所不攻，地有所不争，君命有所不受。"意思是在用兵时，我们要注意：有的道路不要走，有些敌军不要攻，有些城池不要占，有些地域不要争，君主的某些命令也可以不接受。

芒格也曾多次提到，生活中的大多数成功，并不是因为我们得到了什么，而是因为我们避开了什么。一个人专注于什么地方，他的人生就会是什么状态。真正成功的人都懂得果断放弃不重要的事，集中注意力去做重要的事。

有的人可能擅长同时处理很多事情，如果这个人是医院的护士或者是基层员工，这可能是一件好事，是他的工作优势。但是如果这个人是投资人，那只能说明他走偏了，因为投资人最重要的是专注和思考。如果总是被各种各样的事打扰，而不能按照自己的计划思考问题，就不能进入最好的状态。

巴菲特认为，投资必须是理性的，我们必须对绝大部分事情说"不"，才能把精力和时间集中在自己想要做好的事情上。巴菲特总结他和芒格在投资方面之所以能做得非常成功，正是因为他们全神贯注地寻找能够轻松跨越的 1 英尺高的栏杆，而避开那些没有能力跨越的 7 英尺高的栏杆。这里"1 英尺高的栏杆"除了包含"安全边际"和"能力圈"的概念外，还告诉我们专注的重要性。

巴菲特曾经这样讽刺所谓的小道消息，他说："假如你有大量的内部消息和 100 万美元，一年之内你就会不名一文。"

很多时候，没有丰富的人生经历和投资领悟，光靠大量的信息和眼花缭乱的机会，我们很容易变得不专注，从而犯下愚蠢的错误。

投资不需要太多复杂的分析，更需要自律、聚焦，以及等待真正重要的事情的专注，我们要拒绝虚假的繁忙。

芒格也曾经说过，如果把伯克希尔·哈撒韦表现最好的 10 个投资拿掉的话，那么伯克希尔·哈撒韦就是个笑话。

每一个投资机会的发现和评估，都应该是在专注、理智的状态下进行的。这与现代管理学之父彼得·德鲁克（Peter F.Drucker）的观点一致。德鲁克的建议是：要事优先。

我们要做到这一点，需要两种勇气：一是摆脱昨天的勇气，二是抗住经济事务压力的勇气。

人最糟糕的状态就是想做的事太多，结果没有足够的时间去做，以至于最重要的事情反而被杂乱的情绪所干扰，最后一事无成。投资也是这个道理，我一直觉得，一个想挣钱的人想的招越多，就越挣不到钱。因为他没有沉下心把事情做精细。

这个股票跌出了"W 底"❶，那个行业股票被低估，这个股票有绝对的上升空间，那个行业股票有新的利好……人们会被这些眼花缭乱的信息迷了眼睛。那些自选股超过 30 只的人，大都是股票市场的"韭菜"（炒股亏损的散户）。

我们要形成自己的投资体系，其基本逻辑是：一个稳定的、验证过的投资体系，就像一张精心设计过的渔网，可以让你不再四处出击，只需耐心等待投资对象像鱼一样游进你精心编织的网中。

芒格是这样总结的："我能有今天，靠的是不去追逐平庸的机会。"所以，他和巴菲特坚持专注于表现好的股票，而从来不

---

❶ "W 底"是一种交易走势的形态，也经常被称为双底，指的是股价在到达第一次低点后，在第一次低点附近又出现第二个低点，由于中间有一个反弹，就形成了 W 的形状，所以被称为"W 底"。

把频繁交易作为自己的投资特色。

划重点

- 人的时间是有限的，精力也是有限的。要把精力和时间集中在重要且可知的事物上。

- 投资就是化繁为简，找到有效可持续的方法，然后重复做，专注做。

置身事外

置身事外

格雷厄姆告诫投资者："避开诱惑，上帝就会帮你避开罪恶。"

我记得我刚进入证券行业时，我的上司告诉我：金融的本质是信息不对称。理论上，市场中信息越透明，股价波动就会越低。但实际上并非如此，如今在移动互联时代，任何信息都可能被快速传播。由于信息泛滥，大众的智慧在下降，信息越来越繁杂，人们的思考也越来越少。

前面我们说过，能持有腾讯股票 10 年的，往往不是腾讯内部的人。这就是由内部人员信息过载导致的。信息一旦过载就容易抓不住要点，置身事内，往往更容易迷失方向。

就投资股票而言，正确的方法是：投资成败的评判标准不应该是这笔交易的盈亏，而是这笔交易是否符合自己的交易系统。

巴菲特指出："形成自己的宏观观点，或是听别人对宏观环境或市场进行预测，都是在浪费时间。事实上这是危险的，因为这可能会模糊你的视野，让你看不清真正重要的事实。"他认为，投资这件事的秘诀，就是坐在那儿看着球一次又一次飞过来，等待那个最佳的球出现在你的击球区。但是，每个球飞过的时候，人们都会喊："打呀！"

——千万别理他们！

独立思考

> 巴菲特表示："保持独立思考，内心平静，创造长期财富。"

芒格说："唯有独立思考，才能理性度过一生。"

站在投资的角度，独立思考的好处太多，其中最重要的是，能控制自己情绪的人更能消除心理误差。

譬如股票下跌时，人们会情不自禁地感到恐慌，一方面担心错失机会，一方面又担心做错决定。但是，当你能独立思考，能抛开外在繁杂的声音对现实抽丝剥茧，你就会发现，证券投资无非就是找到好的公司，然后陪它一起成长。

巴菲特一直保持独立思考的习惯，不追逐短期利润，不被市场情绪左右，永远以长期的眼光看待投资。

投资股票，永远要保持独立思考，要关注企业的基本面变化，远离纯粹的"击鼓传花"游戏。当我们看好一只股票准备买入前，一定要认真分析，梳理出看好逻辑，做好操作计划。买入后，看好逻辑没有发生变化就继续持有，不再符合看好逻辑时就卖出。

投资市场是一个充满诱惑的地方，也是一个陷阱密布、风险暗藏的地方，缺乏独立思考能力的投资者最易被股市的暗流吞没。

在面对市场波动、净值压力和管理内耗时，基金经理的可靠度最终来自他们自身的独立性，而不是与市场的共识度。

具备独立思考能力，在市场迷雾中能作出正确判断，才更有可能取得成功。

逆向思维

芒格常说："要朝前想，往后看，反过来想，总是反过来想。"

"逆向思维"是芒格经常提到的一种思维。他认为，如果要明白人生如何才能变得幸福，首先应该研究人生如何才能变得痛苦；如果要研究企业如何才能做强做大，则首先应该研究企业是如何衰败的。这就是典型的逆向思维，逆向思维不仅是从正反两方面来思考问题解决之道，我们还应该从先后、因果等各个方面进行延展。

当有人问芒格：如何才能找到一个优秀的配偶？他的答案是：让你自己配得上他（她），因为好的配偶都不是傻瓜。他告诉众多投资人，他从很小的时候就明白，要想得到某个想要的东西，最可靠的办法是让自己配得上它。这也是很经典的逆向思维。

芒格曾分享过一个想法，被广为传播。

他认为成为亿万富翁需要 5 个步骤：要有最好的选择，提高你的幸运度（要选择在有鱼的地方钓鱼）；学会耐心，努力赚到你自己的第一桶金；需要投资；随时避免入不敷出；避免过度多样化（投资一定要有一定的集中度）。这 5 个步骤里，每一个都包含逆向思维，每一个步骤想做好，也需要逆向思考。

《道德经》曰：反者，道之动。这与芒格认为他这一生所有的财富都源于"反着来"这三个字有着异曲同工之妙。

投资领域的成功人士大多数都具有逆向思维能力，他们明白，凡事总有盛极而衰的时候，大好之后便是大坏。

对于普通人来说，掌握逆向思维，意义更大。逆向思维能在我们面对两难问题时，帮助我们做出正确的分析和判断，避免出现大的失误。而普通人最承担不起的就是大失误。因此，要想更好地解决问题，不如尝试逆向思考。

譬如，关于投资，套用芒格的逆向思维方式就会发现，如果你买了一只价值被低估的股票，你就要等到其价格涨到你计算的内在价值时卖掉，这对普通人来说是很难做到的。但如果你买了一个伟大的公司的股票，你就坐在那儿等着就行了。

敬而远之

> 芒格在谈论如何处世时说："我的处世之道是，看透最傻的事，敬而远之。"

有一个经典的关于目标的故事，故事的主人公是巴菲特和他的私人飞行员迈克·弗林特。

迈克有一次向巴菲特请教如何实现职业生涯目标，巴菲特却让迈克自己先写下职业生涯的 25 个目标。

然后，巴菲特让他选出最重要的 5 个目标。

巴菲特说："现在，你有了两个清单，一个是职业生涯最重要的 5 个目标，另一个是 20 个比较重要的目标，知道该怎么做了吗？"

迈克回答："知道了。我会马上着手，实现这 5 个目标，至于另外 20 个，并没有那么紧急，可以放在闲暇的时间去做，慢慢实现。"

巴菲特听完说道："不，你搞错了。那些没有圈出来的目标，不是应该在闲暇时间慢慢完成的事，而是应该尽全力避免去做的事，你应该像躲避瘟疫一样躲避它们，不花任何时间和注意力在它们上面。"

芒格曾经说过："人类倾向于集体做蠢事，在某些情况下，就像旅鼠一样聚在一起，这可以解释为什么聪明人也有很多愚蠢的想法和行为。"例如，市场暴跌时，巨大的压力和困惑会导致一批不理性的投资者在一起互相抱怨、相互安慰，并做下更蠢的事。

因此，理智的投资者一定要和市场保持一定的距离，甚至有时要审视自己，是否需要暂时对市场"敬而远之"。

划重点

- 投资股票，永远要保持独立思考。

- 要想更好地解决问题，逆向思考可以帮助我们避免重大错误。

- 理智的投资者要经常审视自己，必要时要置身事外。

市场

第五章

chapter 5

市场是
可以战胜的

忠于常识

忠于常识

芒格曾表示："保守投资，稳定存钱，不期待奇迹出现，才是正确的选择。"

对于大多数投资人而言，投资股票的风险有很多种，最基本、最表面的风险就是股票下跌带来的损失。

于是更多的人选择在牛市的时候进场，但这一行为在卓越的投资人眼中反而意味着更大的风险。因为牛市不会一直持续下去，而且在所有人都"一致看好"的行情中，购买价是偏高的。

巴菲特举过这样一个例子：在市场低迷期，你有机会以 40 美分的价格买一张价值 1 美元的股票；市场一路向上的时候，可能需要以 80 美分的价格买一张价值 1 美元的股票；在市场亢奋的时候，你或许要用 120 美分的价格买一张价值 1 美元的股票……哪个最终更能赚钱，答案显而易见。

人要相信常识，并忠于常识。

本质上，人们赚不到认知能力之外的钱，就算侥幸赚了，也会"凭实力"还回去。

无论遇到什么情况，都不要相信任何一个人会成为某种例外，也不要妄想自己会成为某种例外。因为，所有想象出来的例外都无一例外。

此常识非彼常识

> 得到系统的常（非常）识——非常基础的知识——是一种威力巨大的工具。
>
> ——《穷查理宝典》

芒格所强调的常识，特指投资中的常识。这种"常识"也是需要一定的圈层认知的，是"平常人"不具备的知识。因此，芒格在说某个人有常识的时候，其实是说这个人具备了平常人没有的常识。

芒格给自己设定的目标是追求平常人没有的常识。譬如，做空的人，很多都不明白"皮之不存，毛将焉附"这一常识。还有，导致股票低价位的最常见的原因是悲观情绪，这种情绪有时无所不在，有时只是针对某个公司或某个行业。

芒格和巴菲特希望在这样的悲观氛围里投资，并不是他们喜欢悲观的情绪，而是喜欢它们所产生的价格。

在过去几年的金融市场中，虽然市场一片混乱，但芒格和巴菲特却在大规模投资。他们认为，对真正的投资者来说，这段时间是最理想的投资期。因为恐惧气氛是投资者的好朋友。而那些只在专业分析人士做出乐观评价时才买入的投资者，为了毫无意义的安全感，往往付出了过高的代价。

在芒格看来，他所理解的常识，还是有一个大家都能理解的基本点的，那就是知道什么时候是错的，且知道什么是对的。你得始终对比自己能做到的与别人能做到的，你需要始终坚定地保持理性，特别是别自己骗自己。

拥有常识不但意味着有能力辨认智慧，也意味着有能力拒绝愚蠢。如果排除了许多事情，你就不会把自己搞得一团糟。

常识比知识更重要

巴菲特在提及对常识的认知时指出："常识才是最具价值的东西。"

巴菲特和芒格虽然在投资领域被捧上神坛，但讲的东西并不高深莫测，反而特别简单，都是很容易听懂的话。

他们投资的成功路径及分享成功路径时所用的简洁语言，其实都在揭示常识的力量。

常识是显而易见的、通俗易懂的。我们之所以犯错误，是因为我们离"道"而求"术"。我们长期以来形成的偏见和生活习惯，我们的成功和自信，我们的犹豫和恐惧，以及我们对暴富的渴望，都在蒙蔽我们。

要想不被愚弄蒙蔽，最简单的做法就是对自己诚实。一方面，我们不需要懂很多事情，当我们对某领域不了解或没有相关的才能时，不要害怕说出来；另一方面，我们必须持续学习，持续让自己获得将事情越做越好的知识。

在《穷查理宝典》中芒格强调："所有人类对于几何级数增长的过度追求，在一个有限的地球上，最终都以惨痛收场。"

普通人可以依靠长期不做傻事来积累优势，只要坚持做对的事情，结果就可以很不普通。

投资界经常讲的一个常识就是：树不能长到天上去，投资最终都要均值回归。

芒格从来不会把自己装成无所不知的样子，更不会认为自己在任何领域都能获取到真正有用的信息。他认为，对自己诚实，就是尊重常识。因为有常识，才懂得如何克制自己。

尊重常识，践行常识

> 芒格常说："伯克希尔·哈撒韦能取得巨大的成功，每日期刊公司能小有成就，没什么秘诀，就是追求基本的道德和健全的常识。"

一个人过不好自己的人生，皆源于不尊重常识，不践行常识。

在很多时候，打破常识可以，但不能不尊重常识。

芒格强调投资人必须热衷于弄清楚正在发生的事情背后的原因，也就是追求本质、真相以及常识。他认为，如果投资人能够长期保持这种心态，将会形成更客观、更理性、更接近常识的投资逻辑和行事方法。

在各类名人传记中，我们会发现，那些真正成功的人都有一个共同特质，就是能够找到事物的底层逻辑，并能运用它。换句话说，就是重视常识，积累常识，运用常识。

在商界，一直有着这么一条非常有用的古老法则，这一法则共分为两步：第一步是找到一个简单的、基本的道理，第二步是非常严格地按照这个道理行事。这里的"道理"指的便是常识，常识是凝练的智慧，是简洁的箴言。

但是，尊重常识只能帮助我们找到做事路径，要想获得"意料之中"的成果，我们还需要践行常识。在另一方面，如果不进行人为干涉，事物总是倾向于增加它的无序度。所以，人需要自我管理。

芒格认为，越是艰难越需要有韧性。每一个投资人只需尽可能正确地应对所遇到的机遇和苦难，抓住每一次机会，在尊重常识的基础上，练习做正确的事情，股市一定会长期留有你的身影。

划重点

● 拥有常识意味着拥有辨认智慧和拒绝愚蠢的能力。

● 尊重常识，就是要清楚自己的能力边界，合乎情理地对自己
  提出预期目标。

● 在尊重常识的基础上，练习做正确的事情。

巴菲特投资三大基石

巴菲特曾说："你人生的起点并不是那么重要，重要的是你最后抵达哪里。"

相信只要是认真学习过巴菲特投资思想的人都知道，巴菲特投资的三大基石是：安全边际、市场先生和能力圈。

在巴菲特的投资概念里，看的都是本质，是安全边际，是能力圈，并非技术上的花拳绣腿，也不是哗众取宠的雕虫小技。

他将核心精力都放在挑选价值成长股、恪守安全边际以及遵循能力圈原则上。这几点，很多金融从业人士，甚至很多股民，如果想做，都有机会做到，但很多人并不愿意跟随他的做法。毕竟巴菲特的平均年化收益也才百分之十几，这样的收益率，对追求"一夜暴富"的投机者，毫无吸引力。然而，这种做法输出的却是以十博一的功力，是基本功，最能让成功水到渠成。

围棋高手李昌镐在自传《不得贪胜》里面提到"不求妙手，

但求积胜"，就是这个道理。

换句话说，只要不着急炫技，把时间和精力倾注在练好基本功上，力求将基本功练到精湛，真正的成功就水到渠成了。

留出"安全边际"

> 巴菲特："安全边际是成功投资的基石。"

本杰明·格雷厄姆在《聪明的投资者》一书提到，"若要将稳健投资的秘诀精炼成几个字，我们可以大胆地将'安全边际'作为答案。"

在格雷厄姆的眼里，安全边际总是依赖于所支付的价格，价格越低，安全边际越高；价格越高，安全边际越低。格雷厄姆认为，安全边际的概念可以作为试金石来区别投资操作与投机操作。

因为有了较大的安全边际，即使投资人对公司价值的评估存在误差，即使市场价格在较长的时期内会仍低于价值，也能保证投资人取得最低限度的满意报酬率。

格雷厄姆曾告诉巴菲特两个最重要的投资原则。

第一条规则：永远不亏损。

第二条规则：永远不要忘记第一条。

巴菲特始终遵循着导师的教诲，坚持安全边际的原则，这是巴菲特"永不亏损"的投资秘诀，也是他投资成功的基石。

巴菲特认为，投资者在买入价格上，如果留有足够的安全边际，不仅能降低因为预测失误而引起的投资风险，在预测基本正确的情况下，还可以降低买入成本，在保证本金安全的前提下获取稳定的投资回报。

他是这样举例阐述的。在价值投资法中，如果你以 60 美分买进 1 美元的股票，其风险大于以 40 美分买进 1 美元的股票，且后者报酬的期望值比前者高，以价值为导向的投资组合，其报酬的潜力越大，风险越低。根据安全边际进行的价值投资，其投资报酬与风险不成正比而成反比，风险越低，往往回报越高。

那么，对于投资人来说，股市在很多时候是很危险的，需要时刻戒备。但如果你了解自己，了解这个市场，有机会玩好股票投资，这又是一个非常美妙的财富获取通道。

普斯特（Baupost）基金公司总裁赛思·卡拉曼（Seth Klarman）在《安全边际》里写道："在价格远低于潜在价值时购买证券，使之在一个错综复杂、难以预测和迅速变化的世界里能够承受得起人为失误、坏运气或极端的波动，此时就获得了安全边际。"

拥有安全边际意味着即使你犯了错，也仍然可以赢。如果你没有犯错，那你的胜算就会更大。因此，在作决策的时候要提醒自己，自己可能会犯错。自己的思想会欺骗自己，所以最好采取一些预防措施，做好安全边际管理。

利用"市场先生"

> 格雷厄姆提出过一个关于"市场先生"的寓言故事:"设想你在与一个叫市场先生的人进行股票交易,每天市场先生一定会提出一个他乐意购买你的股票或将他的股票卖给你的价格。"

"市场先生"是格雷厄姆的一个经典比喻,他将市场想象成一个名叫市场的人,如果你今天对他的报价不感兴趣,他明天还会给你带来新的报价。

本杰明·格雷厄姆指出,要让两极化的市场先生成为你的仆人,而非你的主人。

从某个角度看,价值投资的本质在于利用市场先生。

市场先生有着无法治愈的精神病,他的报价不稳定。在他愉快的时候,他只会看到公司的有利因素,会报出很高的价格,因为他怕你抢夺他的利益。在他痛苦的时候,他只会看到公司和世界的不利因素,会报出很低的价格,因为他害怕你把股票甩给他。因此,如果理性的投资者拥有充分的信息,股票价格将会长期维持在公司的内在价值水平附近。

如何审视市场先生的报价?巴菲特认为,假若某公司的股票价格在某一时期增长了50%,而同时期公司收入只有10%的增长率,那么股票价值很可能被高估了,那么它注定只能为你提供微薄的回报。反之，当股票价格下跌而公司收入上升，那么应当仔细地审视买入该股票的机会。

如果投资人有耐心、理性，而且遵从格雷厄姆价值投资体系，市场先生就必然会给你送上丰厚的礼物。

巴菲特在谈投资时多次强调，市场先生是你的仆人，不是你的向导，而世界上买股票最愚蠢的理由是它在上涨。

他认为："如果你不能肯定你比市场先生更理解且更能评估你的资产，那么，你就不要加入这场游戏。"

巴菲特之所以能取得目前的成就，是因为他专注于寻找可以轻松跨越的一英尺高的障碍，而不是去拥有需要飞跃七英尺才能得到的机会。

对巴菲特而言，他只买好公司的股票，然后一直持有。他坦言，股市本身是非理性的，是不能预测的，但股票的内在价值是可以预测的。

我们无法预测市场先生的情绪波动和短期走势，我们只能利用市场先生，从而完善和坚持我们自己的投资节奏。

巴菲特是这样总结投资成功经验的。一个投资者必须既具备良好的公司分析能力，同时又能将思想和行为同市场中泛滥的情绪隔绝开来，只有这样才有可能取得成功。

所以，在自己与市场情绪保持隔绝的努力中，将格雷厄姆的

"市场先生"的故事牢记在心是非常有用的。

清晰自己的"能力圈"

巴菲特常常告诉投资者，要在能力圈内进行本垒打。

巴菲特曾经说过："我犯过很多错，还会继续犯错，但我要确保我犯的错误不会致命。"

很多国内专家评价巴菲特能有今天的地位，最重要的原因就是他很少犯"原则性错误"。

在巴菲特的投资观里，他坚决不碰他能力以外的领域。他认为，很多事情做起来都是有利可图的，但是你必须坚持只做那些自己能力范围内的事情。就像我们没有任何办法击倒泰森一样，因此，不要总是想着以大博小。

投资是一个非常刺激的赛道。在驶入赛道之前，我们一定要弄清楚自己的优势是什么？怎样去和别人竞争？当你发现自己的优势所在，并对这种优势有充分的把握，在机会来临时，你才会全力以赴，牢牢握住。

巴菲特之所以能够对所投资的企业有较高程度的把握，是因为他选择把投资标的限制在他自己的理解力能够达到的范围。毕竟事情好不好和你能不能做到是两回事。在投资角度，你要做的是你能做的事，而不是很重要但你没能力去做的事。

很多时候，聪明人也不免遭受过度自信带来的灾难。他们认为自己有更强的能力，于是往往在更艰难的道路上疲于奔命。所以，知道自己能力圈的边界，非常非常重要。

从这个角度来讲，股灾是上帝送给价值投资者的礼物。一般情况下，市场暴跌就是出现好价格的时候，可惜的是很多投资人却不敢买了。

就投资本身而言，重点在于一针见血、直击本质、把握重要机会，花拳绣腿的小动作越少越好。

因为，清楚自己的能力圈，知错就改，顺势而为，是一名优秀投资者的必要品质。

划重点

- 安全边际是投资中最为重要的概念，它能够降低预测失误的风险，所以要采取一些预防措施，做好安全边际管理。

- 我们无法预测市场先生的情绪和短期走势，但要利用市场先生，从而完善和坚持自己的投资节奏。

- 不做不懂的东西，清楚自己的能力圈，要在能力圈内投资。

适当保守

芒格说过这样一句话："如果我知道我将会死在哪里，那我将永远不去那个地方。"

很多时候，人是普遍具有认知偏见的。在绝大多数时候我们很难做到绝对理性，这就很容易导致投资失败。

如果我们没有经过仔细研究和深入思考就草率地作出决策，大概率会犯下错误，而有时犯错的后果却是我们承担不了的。但如果我们知道危险的范围，便能主动避开这一地带。

芒格曾经讲述了一个职业走钢丝者的例子。

有一名表演了 20 年走钢丝节目的职业演员，在其 20 年的职业生涯里，都没有犯过致命错误，从未让自己发生意外。当有人问他秘诀是什么时。他表示，因为他清楚自己知道什么，不知道什么。

对于这类从业者来说，他们每个人都勤奋训练，是因为知道自己的筹码是仅此一次的生命。

人如果能了解自己的界限，便不会犯自己不知道的错误。

与付出生命的代价相比，投资的损失反而是小很多的。但无论是伤及生命，还是损失资产，我们都不应该投资不确定的事情，因为不确定的事情只会带来巨大的风险。

无论如何，我们都不要玩自己输不起的游戏。

保守 = 懦弱？ NO！

> 巴菲特曾批评投机者道："如果你手持火把穿过炸药，即使毫发无损，也改变不了你是一个蠢货的事实。"

通常，人们在做事时习惯以获得成功为前提。因为我们选择做一件事，是为了把它干成，所以一切的思考、分析、判断、谋划、决策，都是围绕如何获得成功而展开的。

但是市场上最卓越的那一批人不是这样对待问题的。他们的做法，就是我们前面提到过的"逆向思维"。

卓越的投资者往往喜欢以失败为假设前提。首先考虑风险，然后考虑代价，最后考虑利益。他们会首先假定做这件事会失败，然后随之进行的一切思考、分析、判断、谋划、决策都是围绕避免失败、减少代价而展开的。然后他们会实践、等待，小心翼翼地提高胜算的概率，直到最后稳稳地获胜。

因此，巴菲特主张，在下注之前一定要做好准备。在他看来，手持火把穿过炸药后"毫发无损"的成功，是没有任何意义的，因为只要有"满盘皆输"的概率，就不会是好的投资。

这有点类似于塔勒布提出的"黑天鹅"事件，即使失败的概率很小，但当失败的代价沉重到无法承受时，我们就不应该去做。

因此，比起做什么，我们更应该关注的是不做什么更安全、更重要，特别要知道哪些是致命性的错误。

居安思危，多考虑失败，才是走向成功的清醒剂——这一观念也是李嘉诚的经商原则。

为了避免致命性错误而选择不做什么事，就是在恰当的时机选择保守，这样的保守能够帮助我们保留生命，保留本金，这并不是懦弱的行为。

芒格和巴菲特都是追求大概率的长期确定性，他们会认为，只有当成功率很高的时候，才值得下大赌注，其余的时间最好按兵不动。

更多时候，按兵不动就是维持保守的最佳动作。

只是 0% 和 100% 的区别

> 巴菲特："如果没有什么值得做，就什么也别做。"

巴菲特曾经做过这样一个假设，如果自己手中有一把左轮手枪，里面足以装下 100 万发子弹，但是实际上里面只装了一发。然后让他对着自己的头开一枪（也就是说会有百万分之一会死亡的可能性），如果最后他活下来了，就会得到 100 万美元。面对这样的设定，巴菲特表示，即使活下来有丰厚的奖金，他也不会玩这个游戏。

看起来，这只有百万分之一的死亡概率，但是对于自己的脑袋来说，就只会得到 0% 和 100% 两种结果。这样的"投资"，可能只有亡命之徒才会考虑。

在芒格眼中，注重概率是理智的体现。他认为，人在做选择的时候，没有摸清楚自己在竞争中的优劣地位是不行的。譬如，对于普通的投资人来说，投资房地产机会小，劣势大；但是投资股票，机会人人平等，只要操作够聪明。那么我们就应该认识到，投资股票市场，其优势比投资房地产市场更大。这就是我们在投资市场能够初步摸清的情况。

或许我们可以看看泰德·威廉斯（Ted Wiliams）——美国棒球史上唯一一个单赛季打出 400 多次"安打"的棒球运动员，他是如何做到这么优秀的。

据泰德·威廉斯的分享，他会把击打区划分为 77 个格子，然后在其中划分出最有可能打出"安打"的格子。只有当棒球落在这些"甜蜜"区里时，他才会挥棒。他用数据量化自己的技术能力，认清了自己的能力圈。在他所著的 *The Science of*

Hitting（《击打的科学》）一书中提到了自己打棒球的思路："当你知道不打什么球的时候，才是真正打球的开始。"

巴菲特将泰德打棒球的思路分享给了投资者，认为投资也是一样的道理。

有些人不会打球，于是什么样的球都会接，而有些人只打他们想打的，只打高概率命中的。

我们要做的就是像打命中概率高的球一样去投资更容易获得回报的项目。

建立自己的投资"护城河"

> 巴菲特曾多次在公开场合强调："对我来说，最重要的是弄清楚公司周围有多大的护城河。我喜欢的是一座大大的城堡，环绕着一条有食人鱼和鳄鱼的护城河。"

正确的思考方式是有效行动的前提和基础。特别是在投资的时候，我们应该有耐心，慎重地对待每一次重大决策机会。

在芒格看来，面对我们有能力处理和解决的事，我们应选择难度大而风险低的事。这样一来，一件事别人做不了，但是你能做成，那么，无形之中你也在增强自己的"护城河"。

芒格也教育普通的投资人要学着使用工具，学着逆向思考，反推自己的观点。例如，投资领域的第一条规则是"保护本金"。我们在做出决策之前，应该认清自己的能力圈范围，同时计算成功的概率，借助相关的量化数据进行思考，认清失败的概率和后果。

泰德·威廉斯把自己的成功归因于三点：第一点是击球管理（只击打高击中率区域的球），第二点是正确思考（认清自己，作出判断取舍），第三点是不断地练习、练习、再练习（反复优化提炼）。

我们也可以从他的身上学习到投资成功的要点。

首先是了解自己的能力范围，明确什么是自己能干好的；然后再通过规划和准备，精准瞄准目标，果断出击，最后得到自己想要的收获。

在实际的操作中，我们的投资机会并不多，比起一些低风险、低收益的机会，我们的保守思维更应该集中于那些低风险、高收益的机会上。

建立起自己的投资"护城河"，是适当保守的关键。这条"具有食人鱼和鳄鱼的护城河"相当于划出了我们的能力圈，我们可以在这个圈中做出更加保守但是正确的决策。这样，我们才更有可能找出那些高收益的机会。

划重点

● 选择保守不代表性格懦弱，正是因为我们清楚失败的代价，才不会玩自己输不起的游戏。

● 打命中概率高的球，投资更容易获得回报的股票。

● 建立起自己的投资"护城河"，我们才能分出更多精力来寻找高收益机会。

投资需要复盘

　　一个投资者必备的素质是：从来都不和大盘作对，拥有无畏的勇气，但并不鲁莽，一旦发现自己做错，瞬间回头，立刻改正。

　　　　　　　　　　　　　　　　——《股票大作手回忆录》

　　《股票大作手回忆录》中提到："投资股票想赚钱，合适的时机买入非常非常关键。把事情做对了，利润自然来。"

　　怎么才能抓住稀有的、重要的投资时机？每个人的答案都不一样。

　　有人说要执着，有人说要坚定，有人说要博学，还有人说要勇敢……虽都有可取之处，但其实都有局限。譬如执着，执着过了就是偏执。如果我们坚持不懈，并且针对瑕疵不断完善，不断修正偏离目标的航线，进而达到成功的彼岸。我们就是执着而不是偏执。

但如果我们一错再错，不能修正自己，听不进去善意的规劝，一意孤行，在错误的路上越走越远，就有可能是偏执问题。

所以，假如你发现自己错了，第一时间止损，才能真正避免损失。

投资讲究的就是不断寻找出路，并在这个过程中不断修正。

因此，"复盘"非常重要。

复盘不是为了证明自己对

> 巴菲特说："难点不在于没有新思维，而在于无法摆脱陈旧思想的束缚。"

投资为什么难，因为过去的经验常常没有用。

为什么没有用？巴菲特认为，人类最擅长做的是把所有新的信息都遵循他们既有的结论来进行诠释。这恰好反映了投资复盘的常见误区：永远在证明自己的对，追究别人的错。

大多数人遇到事情都是努力维护自己的想法，不管自己的想法多么愚不可及。

查理·芒格说过这样一句话："我专门琢磨怎么否定自己。"

有分析师认为芒格有点"怀疑一切"的特质，尽管他精通各种商业模式，但五十年里却只投资少数几只股票。芒格一生推崇和要求自己理性。所以，他并不把自己过去的看法当回事，该否定就否定，否定得多了，他也就习惯了坦然了。

芒格的这种"否定自己"的逆向思维或许提醒了我们，复盘的真正目的，是把深刻的经验和教训转化为经营的能力。当自己的交易遭遇连续不顺、失利亏损时，就要停止交易，离开市场，冷静思考，找出出错的原因，并根据原因和自身特点进行重新归纳，适当修改自己的交易系统。

这个世界上没有什么事情是突然发生的，只是你突然知道了而已。回顾投资路程你会发现，所有的事情都是有伏笔的。复盘相当于给自己增添一种能力与意识，它让我们与过去的自己进行实实在在的"告别"。

芒格认为，无论多厉害的投资家，也不可能完全理性地投资，他提醒大家要不断修正自己偏爱的想法，不断检视自己的行为路径。一旦发现显而易见的错误，就快速纠正它，因为在你等待的时间里，它并不会变好。

芒格还认为，他比大多数人成功的部分原因是他总在不断挑战和主动地修正自己"最爱的观念"。

因此，人一定要记得提醒自己，自己大脑里的任何观念都仅仅是到访的客人，该送走的时候就要送走，该清理的时候就得扫地出门。

千万不要为了"证明自己"而去坚持一个错误。

走正确的路

芒格认为，投资不怕慢，怕的是从头再来。

我们对乌龟与兔子赛跑的故事已经耳熟能详了。

芒格认为，在投资领域，跑得慢的那批人就好比故事中的"乌龟"，只要乌龟能够吸取来自前辈的、已经被实践所证明的深刻见解，有时候它就能跑赢那些追求独创性的兔子，或者跑赢那些忽略前人优秀实践的自大兔子。所以，重点不在于慢，而在于能够走正确的路。

正确的路是什么样的路？最根本的点就是不能从头再选。

1962 年获得诺贝尔文学奖、普利策文学奖得主约翰·斯坦贝克（John Steinbeck）曾经说过一句话："住惯了的地方是很难离开的，想惯了的道理也很难丢掉。"

很多时候，一个人的核心成长来自复盘或反思，而不仅仅是经历事情的多少。

反思在很多情况下是一个痛苦的过程。但没有这个过程，一个人可能会在同样的事情上反复跌倒。

不过，芒格提出，最好是从别人的悲惨经历中学到深刻教训，而不是自己亲身去经历。

他提到过两种有效的学习方法。第一种是你发现什么是有效的，然后复制它；第二种是你发现什么是无效的，然后规避它。

芒格会同时使用这两种方法，但两种方法中更重要的是后者。

他会在一生中花绝大部分时间去研究什么样的事情会失败，然后尽一切可能去避免。

直面问题，不要逃避

> 巴菲特是这样看待犯错误的："不犯错误是不会成长的。遇到错误，马上改正是最小的代价。"

大家都崇拜英雄，喜欢听童话。但实际上，一个人如果在投资的路上，只有成功没有失败，一定是他投资的年限不够长。

每年市场上都有璀璨的明星基金落下帷幕，也有冉冉升起的新星熠熠生辉，周而复始，从不例外。

对于更多人来说，风险是可避的，但不可拒。你要做的是发生之前的主动避免，而不是发生之后的被动逃避。

芒格一直强调不要逃避问题。他认为把问题想透了，问题就解决了一半。

投资和交易本就是一个不停学习、不停修正、不停逼近真理的过程。

对此，芒格教育投资人，不要因为犯了一次投资错误就耿耿于怀，更不要为了弥补之前的损失而孤注一掷。

真正的投资人都是风险管控的高手。从长远而言，股市始终是回升的，而成功的投资人，除了好心态和耐心，还需要经过思考和沉淀后形成的规律和风控策略。例如当你复盘时，或许可以问自己三个问题：继续做什么？停止做什么？开始做什么？

在芒格眼中，投资人有两种错误特别不能原谅。一种是什么都不做，另一种是本来该一堆一堆地买东西，却只买了一瓶眼药水瓶的量。

能成事的人一般都有这样的特质：做别人不敢做的事情，做别人不愿意做的事情，做别人做不到的事情。

世上最愚蠢的事就是满腹牢骚，世界不会因牢骚而有所改变。芒格认为，只要在正确的方向上前进，做正确的事情，早晚会富起来。

划重点

● 复盘不是证明自己的对，而是"否定自己"。

● 乌龟若能找到某些特别有效的方法，就能跑赢某些兔子。

● 投资复盘需要直面问题，做正确的事情，早晚会富起来。

用积累打败运气

每隔一段时间，就会有一个在不可能或不明朗的结果上下了高风险赌注的人，结果他看起来像一个天才。但我们应该认识到，他之所以能够成功，靠的是运气和勇气，而不是技能。

——《投资最重要的事》

投资究竟靠的是运气还是积累？对于这个话题，很多投资大师都展开过争论。

尽管这些大师争论得非常激烈，但他们的争论更多集中在运气在投资成功的因素中占据多少比例的问题上。也就是说，他们实际上都不约而同地认同了一个观念：在投资成功的因素中，运气毋庸置疑占据着一部分比重。

将运气的概念推崇到顶点的是纳西姆·尼古拉斯·塔勒布，他在《随机漫步的傻瓜》一书中指出，随机性在投资交易中时刻发挥着它的神奇作用。

在塔勒布的观念中，从短期来看，很多投资之所以成功，只是因为在对的时间做了对的事情。而《投资最重要的事》中也反复强调过这一观点：成功的关键在于进取精神、时机和技能，而某些在对的时间有足够进取精神的人不需要太多技能。

这点我们可以通过一个简单的方法来领会：在繁荣期，承担最高风险的人往往能够获得最高收益。在市场的任一时间点获利最多的交易者往往是最适合最新周期的人，但这并不意味着他们就是最好的投资者。

巴菲特在《聪明的投资者》中提出一个假设：让 2.25 亿美国人每人每天拿出 1 美元参加掷硬币比赛。第一天猜对的一方从猜错的一方手中赢得 1 美元，第二天继续猜，依次类推。10 天后，大概有 22 万人连续猜对 10 次，赢了 1000 美元。他们可能尽量表现得十分谦虚，但在鸡尾酒会上，为了吸引异性的好感，也会吹嘘自己在猜硬币上如何技术高超，天资过人。又过了 10 天，连续猜对 20 次的人减少到 215 位，每人获得 100 万美元。他们很可能会写一本名为《我如何每天早上工作 30 秒就在 20 天里用 1 美元赚到 100 万美元》的书，然后开研讨班卖票。

由此可见，很少有人能意识到随机性对于投资业绩的贡献（或破坏）。巴菲特想表达的正是这一观点。但也因为这样，迄今为止，所有成功策略背后所潜伏的危险常常被低估。

因此，真相往往是，在投资成功的因素中，运气确实占据着一部分比重，尤其是在一些大的成功中——但这种成功只能来自短期的好时机。

大成功靠运气，长期成功靠积累

> 投资也难免需要些运气，但长期而言，好运和坏运会相互抵消掉。想要持续成功，必须依靠技能和运用良好的原则。
>
> ——《怎样选择成长股》

在对投资与运气关系的认知上，运气实际上是不被费雪推崇的，他虽然认可运气的作用，但更认为投资者要想获得持续成功，仍然需要依靠技能和运用良好的原则。

在这点上，许多投资大师都与费雪有着同样的观念。

因为，对我们每个人来说，良好的原则，是我们深思熟虑后坚持的"自然"，也是我们交易的信仰和规则。

当一个人的交易系统既能够赚钱，同时又最适合自己，并且也是自己能够执行到位的最好的交易系统时，他就会对自己的交易策略产生绝对的信心，此时，他就拥有了交易的信仰，也就是我们所说的"自然"。但这种"自然"必然是经过长期积累才形成的。

从某种角度来看，把一个人的成功都归结于努力可能有点傲慢，我们必须正视运气和选择的重要性。但从另外一个角度来看，人能把握的只有努力和选择。而且这种选择也是在努力的基础上，在有条件的基础上才能成立的。

就拿投资的黄金法则来说，这一法则的原理是：资金最紧张的时候就是投资的最佳时刻。然而，很多人即使懂得这一法则，明白自己该选择出手了，但如果手上没有资金，一切都是空谈。而这笔资金，很大一部分还是来源于努力，来源于准备。

巴菲特的投资就常常是做足了准备的。他认为，作为投资者必须搞清楚事物背后的原因。因此，为了做足准备，他会充分调研，耐心等待，谨慎判断。这就是一种积累。

对我们来说，做事确实需要运气，但不能只祈求运气。因为要使事情真正可控制、可落地、可执行，都只能依靠通过积累而形成的好习惯。养成一个好习惯，就是给自己准备了一箩筐的好运气。

将积累变成一种习惯

> 并不是由于决心才正确，应该由于习惯而正确。不仅能做正确的事，而且养成不是正确的事就做不了的习惯。
>
> ——威廉·华兹华斯（William Wordsworth）
>
> 英国浪漫主义诗人

从投资的角度来看，相信积累的力量，本质上就是相信复利的力量。

而复利的奥妙、时间积累的奥妙都在于：找到一点点对的事情去做，一点点有用的事情去做，要求不要那么高，先做一点点，慢慢地一件事你就做成了，很多事都是如此，并没有压箱底的奥秘。

因此，一个成功的投资人无须立刻看到遥远的终点，只需看到可以抵达那里的路，再一点一点去积累，养成习惯，自然能抵达想要的终点。

俗话说，"一等二靠三落空，一想二干三成功。"成功不会突然来临，因为习惯不会突然养成，投资路径也不会突然成熟，这些都要经历过程。

投资成功没有捷径，思考和积累是必备要素。

那么，怎样将积累养成一种习惯呢？

其实非常简单。在这个世界上，无论你想要什么，都需要真正付出才能得到。只有真正坚持不懈地去做，才能实现你想要的蜕变。有意识地提升"主动去做的事"在每天日程安排中的占比，我们就会慢慢创造出属于自己的人生。

如果你想成为行业"大咖"，不如先成为圈子里的小达人，一步一步升级，这样才会更容易成功；如果你想有爆款文章，不如每天坚持写一篇，一步步增量，文章成为爆款的概率才会更大；如果你很想赚大钱，不如先找个小项目，先学会把小钱赚到手，那你离赚大钱自然也就不会远。

此外，我们还可以通过有意识地不断重复与之前截然不同的行为来打破已养成的习惯，培养截然不同的习惯。因为，习惯本质上就是通过不断重复某种行为而产生的。重复次数越多，它就越根深蒂固。

对于我们普通人而言，要学会用日拱一卒的坚持去提升成功的概率，去厚积薄发，去以量取胜，这样才更靠谱。

即使最后没有取得大成功，也没有什么关系，因为你已经有了很多小成功，已经比大多数人好很多了。

与其花很多精力去做低概率的事情。不如趁早觉悟，学会重复，将积累变成一种习惯。每天进步一点点，比如今天有个点赞，今天赚了一块钱，今天增加了几个关注者，这样一步步积累，才是真正正确的事情。

看似慢，实则快。

划重点

- 投资成功需要依靠运气，尤其是短期投资中适应新周期的人。

- 大成功往往依靠运气，但这种运气非常依赖时机。因此，从根本来说，想要获得长期成功还是需要依靠积累。

- 长期的成功需要持续积累，将积累变成一种习惯，日拱一卒，才是最靠谱的做法。

周期

第六章

chapter 6

紧跟市场，
拥抱周期

"没有人能预测市场"

巴菲特曾这样告诉投资人："面对两种不愉快的事实吧。未来是永不明朗的，而且在股市上要达成令人愉快的共识，代价是巨大的。不确定性实际上是长期价值购买者的朋友。"

在巴菲特看来，股票是需要长期持有的，买股票就是买公司，这也是格雷厄姆教给他的最基本的道理。

可惜的是，有太多人并不适合买股票，因为他们受不了股价的波动。这些人买完股票后，往往第二天就开始盯着股价，通过股价来判断自己的投资做得好不好，并且一旦股价出现下跌迹象，就开始准备"弃坑逃跑"。

股市的波动于他们而言，就像海上的波涛，时刻牵动着他们的神经，他们总害怕一个浪头打过来，就会损失惨重。

然而，股市恰好是一个波动不断的地方。每个入场的人，如果想获得长期安稳，要么立即退场，要么学会应对。

面对市场的波动，是我们每个人在投资道路上都必须掌握的一项技能。

对于投资者来说，他们不是跟市场先生斗争，就是与未来先生打擂台。要战胜市场先生和未来先生，有两条道路：一条是避开不理，另一条是战而胜之。

但百年来，能够持续战胜市场的人几乎不存在，否则巴菲特这样不预测市场的人也不会成为投资界的"股神"。更进一步来说，其实格雷厄姆的两位弟子——施洛斯和巴菲特都是站在常识这一边的。预测市场，战胜市场，是他们永远都不会做的事。

巴菲特一直强调，过于关注市场先生的人容易在股市中支付高昂的价格。

要想获得长期投资价值，不确定性才应该是投资者的朋友。

敬畏规律，遵循规律，利用规律

芒格："人生潮水有顺有逆，不要费尽心思预测潮汐。"

前面我们提到过，在巴菲特的投资操作里，连抄底这种事都不求最佳时机，只求模糊的正确。

比如，在以往的每一次重大危机中，当巴菲特买入股票时，周围预测市场的人总会讥笑他"买高了"或者"被套了"。但是他却从不为此气馁或者沮丧，而是始终坚持自己的判断，就是因为他知道，市场的走势根本无法被精确地预测出来。

我们都知道，投资市场存在周期性，那么，什么是周期性呢？

我们买入的金融产品本质上是基于实体的，而实业投资本身就具有周期性。

固定资产投资或者是其他的投资都有周期，比如我们学习20年，等到开始工作的时候才能产生收入，对于家庭来说，投资周期就是20年；一个工厂的建设周期可能是 1 ～ 2 年，收回投资需要更久，这个周期可能就是 3 ～ 5 年……

在这个过程中，利润会产生波动，在投资初期，因为供给不足，利润很丰厚，但是随着竞争者的增加，行业利润会大幅下降，甚至变为亏损，这种波动引导着投资者们步调一致地买入与卖出。

这就是周期性的来源，即投资的一次性支出和分期性收入之间的矛盾，以及投资支出的确定性和未来收入的不确定性之间的矛盾。

那么，我们该怎么理解这种不确定性呢？

投资者投资一个项目，当然期望能够获得盈利，然而盈利往往存在不确定性，既可能是超预期的，也可能是低于预期的。这种结果的差异性直接影响了经济周期的长短。当实际盈利超出预期时，意味着市场表现良好，经济可能因此迅速复苏；反之，如果低于预期，则可能表明市场状况不佳，经济甚至可能因此陷入萧条状态。

经济学家将这种波动大致划分为几个阶段（繁荣期、衰退期、萧条期和复苏期），并将其称作"经济周期"。

但我们需要注意，"经济周期"只是对经济的一种宏观运行规律的概括，市场的每一次短期波动都是独一无二、不可预测的。从这个角度来说，永远不存在"精准预测"。

巴菲特和芒格非常懂周期，他们认为周期的背后就是人性，是常识。

霍华德·马克斯在他的《周期》一书中写道：万物皆周期。

他认为投资人不应该抱有侥幸心理，不能赌短时间概率，而是要坚持按照周期的规律来投资。

最卓越的投资人常常安稳地活在市场投资周期内。真正掌握投资真谛的人，总是更容易在有利的机会与周期里赚得盆满钵满。

所以，与其预测不可能确定的经济，不如花时间研究投资规律，用理智判断周期的规律。

美国经济学家约翰·肯尼思·加尔布雷思（John Kenneth Galbraith）曾经说过："这个世上只有两种预言家，一种是无知的，另一种是不知道自己无知的。"

巴菲特就是属于知道自己"无知"的，所以他对于具有巨大"不确定性"的困境反转型企业没有兴趣。

如果一个投资人总是在追寻一个确定的成长路径和结果，即使没有遭遇挫折，其成长也会受限，难以形成自己的投资体系。因为，不是脚踏实地建立起来的东西，是无法形成精神和物质上的支撑的。

与其期待一些超预期的东西出现，不如敬畏规律，遵循规律，利用规律。

未来是不确定的，当下是能把握的

> 巴菲特说："我无法预测股市的短期波动，对于股票在一个月或一年内的涨跌我也不敢妄言。"

投资目标有长期的，也有短期的，如果我们过于关注短期目标，就很容易走偏。因为短期的得失是即时产生的，但是在朝正确方向前进的过程中，很多时候我们能看到的短期利益很可能并不是最终的投资结果。

巴菲特在谈到投资的时候多次讲到，市场先生是我们的仆人，而不是向导。他也多次提到，这个世界上最愚蠢的买股票的理由，就是因为它正在上涨。

所以，我们要明白的是，未来是你的目标终点，它永远不可能在下一秒就给你最终答案。

真正的投资者不会乐于见到股票的短期上涨，他们更欢迎波动。

因为在一个价格剧烈波动的市场，所有的股票价值都周期性地依附于稳固的业务。

芒格更是直接批评了那些只专注短期上涨而不欢迎波动的人。他指出，用股票的波动率来衡量风险是疯狂的行为。

在他的眼中，波动是一个被过分打磨出来的概念。因为有时候，一些非常好的公司，它们的价格具有非常大的波动性，而一些非常糟糕的公司，却表现得十分稳定。因此，他根本不理解为什么投资者们会将波动打上"有风险"的标签。

对于投资者来说，波动更有助于其理解市场的变化，只是这种波动并不像三角函数那样有规律，更多时候，它像圆周率，只能被无限测算。

因此，巴菲特和芒格也公开表示，他们没有预测未来的能力，即使出手也是小心翼翼的，也会对可能承担的风险感到不安。他们甚至在更多时候选择什么都不做。

因为我们都无法预测未来，所以投资只能降低主动失误的频率，没有办法做成万无一失的确定。

那么，既然无法预测未来，难道就没有什么是我们能把握的吗？当然不是。股市的涨涨跌跌是常态，不同的是，有些股票跌了还会再涨，有的股票跌了还会再跌……因此，股票的韧性很重要，也就是说，企业的韧性很重要。

面对股市涨跌，芒格选择了将重点放在特定企业当下发生的事情上。他认为，即使一个人手中掌握了大量的数据，那也只是当下的数据，对于未来的数据，仍是一无所知的。所以他会选择避免对未来进行预测，而将目光放在当下。

他一次次建议投资者们保持理智，保持思考，把精力集中在提高自己的洞察力上，并且把自己的思维训练得更加敏锐。想别人所想，再比别人想得更加深远一些。

在巨大的不确定面前，猜测是一个情绪与理智相互交替的博弈过程，其中还夹杂着诸多运气成分，这对投资者造成的精神损耗是巨大的。

我们真正要做的，只能是将脚踏到具体的路径上，在一步步向前的过程中，逐渐消解焦虑。

重要的不是预测，而是预防

> 在批判理性主义视角有这样一个经典悖论：你可以预测未来，但是预测本身会改变你的预测结果，因此，我们永远也无法预测未来。

上述悖论来自批判理性主义创始人卡尔·雷蒙德·波普尔（Karl Raimund Popper），他在谈论人类未来是否可以预测时提出过一个经典的论证，总结为以下三句话。

首先，人类的认知会对自身的行为产生影响，这是无可辩驳的。比如小孩一开始不知道开水会烫手，但当他们偶然被热水烫了之后，下次碰到热水就会更加谨慎，也就是说，新的认知会对未来的行为产生影响。

其次，人类的认知是不断增长的，这也是不可辩驳的事实。

最后，那些未来才知道而现在不知道的知识，对未来行为产生的影响是不可预知的。

所以，波普尔说，"我们永远无法预测未来。"

既然未来无法预测，那么我们又该如何面对未来及未来的不确定性呢？巴菲特给出了三个回答：第一，未来永远是不确定的；第二，宏观预测不可能准确；第三，重要的不是预测而是预防。

一个投资者必须既拥有良好的分析公司的能力，又能将自己的思想和行为同市场上极其容易传播的复杂情绪隔绝开，这样才能够取得投资的成功。

巴菲特认为，在自己努力与市场情绪保持距离时，将格雷厄姆的"市场先生"故事牢记于心，是非常有用的。

市场先生对我们有价值的就是他口袋中的报价，而不是他的智慧，如果市场先生看起来不太正常，我们就可以忽视他或者利用他。但是如果我们完全被他控制，后果将不堪设想。

成功的人往往都是非常冷静、理性的人。他们安静、有耐心，懂得等待时机出现，又无比有力量。因为他们知道，风未来时，要韬光养晦，默默沉淀；风来之时，要顺势而为，凭风而起。

最卓越的投资人常常都是那些"不争朝夕"、只求长久、安稳地活在投资周期里的人。

划重点

● 所有投资人都要明白，未来是不可预测的，一定要对市场有敬畏感。

● 未来是不可预测的，当下是能够把握的，我们应该避免对未来进行预测，而要将目光放在当下。

● 应对未来的不确定性，我们要做的重点不在预测，而在预防。做投资要有能无限等待的耐心，要有近乎懒惰的沉稳，要能充分利用市场的愚蠢。

永远不要跟风

天变不足畏，祖宗不足法，人言不足恤。

——《宋史·列传》

很多投资人都向巴菲特看齐，但是能够真正学习到巴菲特投资精髓并同样做到的人少之又少。

不少投资"大咖"其实都告诉过我们：如果用 1 年或 3 年的短期视角看股市，股票都是很危险的，但是如果用 5 年、10 年，甚至 20 年之后的视角看，当初让你患得患失、焦虑恐惧的事情，到头来也不过是一两点波澜。

在股票的持有期内，投资者会受到各种"杂音"的干扰，比如股价滞涨、公司负面消息、股市整体走势较弱等。

如果这个时候投资者因为股市的暂时不理性而被市场波动所控制，卖出自己看好的股票，就等于被市场先生反复打脸。

其实，巴菲特从未要求投资者一定要长期持有所有的股票，只是告诫投资者要自始至终尽量避免遭受外界的干扰，要坚持自己的判断，不偏离自己的投资路线。

芒格曾说过："即使握有全世界最锋利的刀，如果你自己的心性存在缺陷，那么它会成为自残的工具……如果你拥有最精于计算的头脑，但始终无法克服欲望的纠缠，那么在巨额财富的重压之下，你注定将粉身碎骨。"

投资新人，特别是年轻人，非常容易陷入强烈而愚蠢的情绪中，而且极难走出来。

芒格就提醒大家，要非常小心地提防强烈的情绪干扰，因为这会阻碍人的独立思考，影响头脑的判断。

在这个信息爆炸的时代，我们应该耐心对海量的信息碎片进行筛选，保持理性，独立思考。建立好自己的城墙，形成完备的"护城河"，找对自己的方向。

躲避"狂热"，等待"冰点"

芒格指出："随波逐流只会让你更靠近平均值。"

在市场情绪汹涌的时候，人的理智非常容易被影响，心性容易受到裹挟，只能依靠方向和惯性去解读事情。而投资恰恰是反人性的。

在牛市中，无论是不良公司还是优质公司，股价都在疯狂上涨。在投资者的眼中，这种时候，无论买什么都能够轻松赚到钱，于是大家都开始疯狂购买。

在牛市的全盛时期，股市上的股票价格都在上涨，此时的股票价格越来越偏离价值，整个股市都在偏离"价值"的道路上越跑越远。

这样的股市行情，非常容易让人辨认不清公司股票的真正价值，因为涨得快的股票可能大多是大家不熟悉的品种。而当整个股市大盘和个股一涨再涨，潜在的风险也在酝酿中了。

等到最后，股价涨到一定程度后，就会出现短暂的泡沫。这时候，大家又会开始不约而同地玩起"击鼓传花"的游戏。

如果把投资当成终身事业，我们应该将关注重点放在股票的内在价值以及公司的潜力上。

聪明的投资者更需要具备不轻易从众的能力。如果总是在泡沫期间买进，在恐慌期间卖出，那他一定不会赚到很多钱，没有资本长期在股市存活。

巴菲特有一句经典名言——别人贪婪我恐惧，别人恐惧我贪婪。

当别人贪婪的时候，说明商机已经被大多数人知道了。这也就意味着蛋糕被瓜分得差不多了，这时候参与进去只能得到蛋糕碎屑，非常不划算。

因此，巴菲特强调了介入的时机。市场不是每时每刻都能够介入的。很多时候，狂热阶段是我们需要远离的，而等待市场冷清到冰点的时候才适合进入。如果没有达到这种冷清的状态，那就耐心等待机会的到来。

细心观察的投资者往往会及早发现周期的变化，明白经过一段股票大肆上涨的阶段后，一定会迎来风暴之后的平静。

这种周期性规律能帮助我们更好地判断冰点。此时，我们便可在适当的时机采取行动，等待一块更大的蛋糕出炉。

远离噪声，独立思考

> 巴菲特强调：独立思考才是投资的本质，投票方式非常不适合投资领域。

巴菲特始终坚持独立思考，他会通过独立思考来决定自己的行动。

巴菲特投资一直做得很好，但是高尔夫却打得不好。他曾参加一场户外高尔夫运动，他的球友们想同他打一个赌：如果无法一杆进洞，他就需要付给大家 10 美元；如果做到一杆进洞，每个人给他 2 万美元。

在场的球友都同意了这个赌约，觉得这是一个胜率很高、收益很大的游戏，值得一搏，但是巴菲特却一口拒绝了。因为在他看来，如果不能够在小的事情上约束自己，受到大家意见的影响，那么在大的事情上也不会坚持自己内心的选择。

巴菲特喜欢的球手泰德·威廉斯之所以能够获得卓越辉煌的职业生涯成绩，也是因为他能坚持做自己，不会因为别人的掌声或者是嘘声而轻易改变自己的判断或选择。

巴菲特持有股票的时候，也不会因为市场的反应和别人的观点而改变自己的选择，不会因为别人看空或看多而轻易选择卖出或者买入。

在各种投资机构都野心勃勃、夸夸其谈时，巴菲特和芒格总是更愿意等待，不跟随市场情绪盲目操作或者"逃跑"。他们认为，玩好投资这个游戏，关键在于把握住那些他们认准的少数且重要的几次机会。

杰西·利弗莫尔曾说："世界上只有 1% 的人明白真相，剩下 99% 的人三观是被塑造的，他们只负责站队。"而巴菲特则认为，只有通过不断地学习才有独立思考的能力，才能抓住市场的机会。所以，他一直保持着强烈的学习欲望和良好的学习习惯，时刻注意保持头脑清醒，从不盲目跟风，不追逐短期热点，不受外界影响，只专注于自己的投资策略。

他认为，投资成功的关键在于要相信自己的价值，相信自己的选择，坚持走自己的路，不要人云亦云。他说，跟着别人，就走不出自己的路来。

因此，我们都应该持续学习，独立思考，相信自己的能力和选择，争取做那 1% 的人，而非那 99% 的站队的人。

我们读芒格的书时会发现他有三个原则：一是让问题简单化，二是告别从众，三是领悟常识的价值。其中的核心就是，人要学会独立思考，不思考的人生是没有未来的。

芒格还认为，逆向思考也是避免盲目投资和不必要损失的一种方法。大多数在股市投资的人都会持续关注如何在股市上投资成功，但是芒格却在研究那些投资失败的人失败的原因在哪里。

独立的思考和冷静的头脑会为我们指出问题的关键，帮助我们找到解决问题的方法。

在职场中，我们要明白这样一个道理：职场会留下的永远是那些目标明确而且不断朝着目标努力的人。

你对自己人生方向和个人目标的诠释和定位，很多时候决定了你的行为准则，也决定了你未来的成就。投资市场同样如此。

巴菲特就说过："市场就像上帝，会帮助那些努力的人；但与上帝不同，市场不会宽恕那些不清楚自己在干什么的人。"

清楚自己在干什么，永远不要跟风，是投资者首先应该明白的道理。

划重点

- 如果我们只是紧跟市场情绪，盲目追逐股市波动的交易，很难获得真正的、持续的胜利。

- 我们要做的是找到适合自己的理念，遵循自己的投资信仰，从而做出自己独立的判断和选择。

抓住机会

芒格在谈及对机会的把控时，是这样告诫投资者的："坚守原则，当机会出现的时候，就大力出击。"

芒格曾经说："成功需要非常平静、耐心，但是机会来临的时候也要足够进取。"

玩股票其实就是赚趋势的钱，赚未来的钱，赚企业成长的钱，赚股票无人问津时你敢于买入的钱，赚市场疯狂加注时你悄悄离场的钱……

如果市场已经跌了两个多月，这时我们思考和关心的问题不应该是逃不逃跑，而是还能不能加钱进来加仓抄底，这就叫胆识，也是"懂行"。

我们应该学会与未来和机会站在一边。

或许我们还记得芒格提出过的两种错误：一种是什么都不做，

巴菲特将其称为"吮指之错"；另一种是本来应该一堆一堆买的东西，我们却只购买了一个眼药水瓶的量。

这两种错误，都能让我们体会到对机会不珍惜所带来的切肤之痛。

机会并不会一直都在我们眼前，尤其是特别卓越的机会，我们不应该在机会来到面前的时候将其放走。

《褚时健传》中讲到过这样一个故事。

一个人在自己的房间待着，有人在门外敲门。

他问："谁在外面？"

门外又敲门，并回答道："我是机会。"

屋里人想了想，回答道："不开，你不是。"

门外再敲门："再不开门，我走了。"

屋里人就说："你走吧。"

门外很奇怪："你怎么知道我不是机会？"

屋里人回答说："你敲了三次门，机会只敲一次门。"

这个故事告诉我们两个道理：第一，真正的机会通常只有一次，如果我们没有抓住，它就会从指尖溜走；第二，真正优质的机会需要我们仔细地辨识，平庸的、送上门的机会不如不抓。

不要等万事俱备

> 苏格拉底曾说："世界上最有可能成功的人，不是才华出众的人，而是抓住每次机会全力以赴的人。"

在我刚入投资圈的时候，我的领导告诉我：做事要抬头看路，低头拉车。

"抬头看路"的意思就是判断和选择。如果 10 年前你可以拿 50 万去买贵州茅台、伊利的股份，到了今天，它们的市值都已经超过了 1000 万。

但如果你非要等到万事俱备，等一个所谓的天时地利人和的时机，等到股票已经开始拉升，你再决定进来，此时的结果要么是永远进不去，要么是永远被套在高位。

当时公司的分析师也告诉过我一个道理：先知三年，富贵十年。

投资，最忌讳的就是后知后觉。因为投资的本质就是在最合适的时机买入合适的股票，并且保证在最短的时间内获取更大的利润。

所以，先于市场一步你就能赚钱，后于市场一步你就得亏钱。先于市场两步你可能赚更多的钱，但先于市场很多步你可能反而赚不到钱。

在危机来临的时候，大家本能的态度都是选择保守，就像是鸵鸟，一有危险，就会一头扎进土里。殊不知，这时候如果能抬起头看向远处，说不定会发现更大的机会。

真正的投资赢家都会在市场大跌后拼命"捡金子"，他们会在大涨之前就发现价值，而不会等待价值出现泡沫才去追。

比如，在 2008 年次贷危机时，巴菲特在 9 月 23 日宣布将出资 50 亿美元购入银行股——高盛集团的股票。

消息一出，大家都深感意外。因为巴菲特一直以来都认为银行股存在很大的水分，而且当时的银行业正处在最危险的时刻。但巴菲特本人对于这笔交易的评价则是："价格是合适的，条件是合适的，人员也是合适的。"

事实证明，巴菲特的选择是对的。这笔 50 亿美元的投资使巴菲特得到了高盛集团不可转换的永久性优先股，股息率为 10%。这笔股息为巴菲特带来了每日约 130 万美元的收入，此外，巴菲特还获得了以每股 115 美元的价格收购高盛股票的认股权证。

对于许多人来说，耽误战机的不是减速带，不是时机，而是数不清的犹豫。当别人恐惧的时候，自己往往也不敢贪婪。

很多时候，比求胜更加重要的是准备好迎接突如其来的机会。

芒格总结道："人们会把难以成事的原因归结于缺乏机会，实际上，他们根本没有做好抓住机会的准备。"

优秀的投资人总是善于把握时机，当机会来临的时候，敢于拿出自己十足的准备。

巴菲特表达过这样一个观点，没有机会的时候不着急，机会到来的时候出手要果断。

在他看来，生活中的重大机遇必须抓住。我们可能做的事情不多，但是当我们有机会做一件正确的大事的时候，就必须毫不犹豫。机会来临的时候一定要抓住它们，因为我们不会拥有 500 个好机会，也不会等到机会第二次、第三次敲响自己的门。

投资不像做饭，不能等到食材都准备好了才开火下锅。改变人生的那批人，也都是抓住了一两个核心机遇而已。

管理好心性，耐心而又果断，投资就已经成功了一半。

不追求平庸的机会

巴菲特认为，集中投资的秘诀就是在赢的概率最高时下大赌注。

巴菲特常常强调，想要回报率高于市场平均水平的投资者不应该进行分散投资。

他认为，多样化实际上就是对无知的一种保护。只有当投资者不明白自己在做什么的时候，才需要进行广泛的分散投资。

如果为了追求投资组合多样化而投资过多的股票，不仅会超出我们的能力范围，还可能失去仅专注于几家优质企业时拥有的思考强度和注意力。

巴菲特认为，集中投资要求我们集中资本投资于少数优秀的股票。在实际操作中最关键的环节是，估计赢的概率及决策集中投资的比例。其秘诀就是在赢的概率最高时下大赌注。

所谓赢的概率，就是准确评估企业价值的概率，准确预测企业长期的持续竞争优势概率。

现在很多大型投资咨询机构里的"专家"却不是这样想的。他们会自以为研究了多少种东西，就能搞懂多少种东西。

股票战场的新兵只懂得使用机关枪狂扫乱射，他们奢望其中一发子弹能够侥幸射中目标。而真正的神枪手只需要两发子弹，他要求自己能够一击即中，就算第一发落空，最多也只再来一发。如果还是打不中目标，他就会离场避险了。

好好把握少数几个看准的机会比永远假装什么都懂要好得多。

那些真正成功的投资者，通常都会花上很长时间来审视自己，找出自身性格的长处和短处。如果从一开始就做一些可行的事情，而不是去做一些不可行的事情，成功的概率会大得多。

芒格强调，长期努力保持不做傻事，收获会比那些努力做聪明事的人多得多。卓越的投资人会明白自己的能力优势在哪里，局限又在哪里。然后在机会出现的时候准确抓住机会，在没有机会的时候学会等待。

芒格在每日期刊股东大会中分享，他很小的时候就知道，重大的机会、属于他的机会只有少数几个，关键要让自己做好准备，当少数几个机会到来的时候，把它们抓住。

真正好的投资机会并不会常常出现，也不会持续很长时间，我们应该为了那些稀有的好机会做好准备。

巴菲特总结过，许多人投资之所以成绩不好，是因为他们会像打棒球一样，常常在位置不好的时候挥棒。

在现实的投资市场中，绝大多数股票是摧毁价值的，是负回报的。甚至过去 30 年里，美国股市所有的财富仅由 4% 的股票创造。也就是说，投资人必须非常有原则，非常冷静且有耐心，在优质的机会来临的时候有足够的进取心，才能够取得长期的胜利。

划重点

- 成的事越大，需要积累和潜伏的时间就越长，时机就来得越慢。

- 我们要在该出手的时候果断出手，对赚大钱的机遇要敏感，抓机遇要快。

- 人生，重要的不是频繁出手，而是需要大量的自律和耐心，等待最好的机会出现。

太阳底下无新事

太阳底下没有新鲜事，发生过的事情必然重复发生！

——《圣经·旧约》

《共同基金常识》的开篇引用了一个故事：

园丁对总统说："在花园里，草木生长顺应季节，有春夏，也有秋冬，然后又是春夏，只要草木的根基没有受损，它们每年都会顺利生长。"

总统感慨道："这是很长时间以来，我听过最令人振奋的看法，也是最乐观的看法。我们中的很多人忘记了自然界与人类社会的相同之处。正如自然界一样，从长期的视角看，我们的经济体系保持着稳定和理性，这就是我们不必害怕自然规律的原因……我们坦然接受不可避免的季节更替，却在为经济的周期变动而烦恼，我们是多么愚蠢啊！"

涨多了就跌，跌多了就涨。涨的时候说神话，跌的时候讲故事。

实际上，除了故事版本不一样，股市还真的没有什么新鲜事。

霍华德·马克思在他的书籍《周期》里写道：万物皆有周期。

他说，他敢肯定的东西不多，但以下这些话千真万确：周期永远胜在最后。任何东西都不可能朝同一个方向永远发展下去。树木不会长到天上，很少有东西会归零。

投资市场与普通生活其实也没什么两样，完全有把握的事情其实很少。价值可能会消失，预测可能会出错，但是无论如何，我们有信心把握的事情有两个：第一件事情是，多数事物都是周期性的；另一件事情是，当别人忘记第一件事的时候，某些最大的盈亏就会到来。

世界具有周期性的根本原因是人类的参与。程序化的东西可以按照既定轨迹运行，但是历史、经济领域的进程是涉及人的，当人出于情绪和思想的不确定性参与进来时，结果就产生了变化，从而产生了难以被轻易把握的周期性。

拥抱周期，拥抱变化

巴菲特告诉投资者："利用市场的愚蠢进行有规律的投资。"

全球的投资市场都非常"卷"。

2022 年 11 月的一个统计，在身价几十亿美元的投资大师之中，霍华德·马克斯是 2022 年唯一没有亏损的。

他能够盈利的核心原因在于，他提前重仓了油运和周期能源股，所以在那波周期中大赚了一笔。

在霍华德·马克斯看来，**投资者有两件重要的事要做——资产挑选和周期定位**。可见他极其重视周期在投资中的作用。

2022 年，投资界最流行的一句话是"这一次不一样。"实际上又如何呢？如果你现在回头看 2022 年以前的市场危机，就会认识到这一句话的错误。

1997 年，发生亚洲金融危机，结果很多人错过了 1999 ~ 2001 年的一波大行情。

2005 年，熊市下跌探底阶段 ❶，市场情绪达到了冰点，后面紧跟着 2006 ~ 2007 年的一波大牛市。

2008 年，发生美国次贷危机，但是 2009 ~ 2010 年也出现了一个翻倍行情。

2012 年，国内再次出现经济危机，而 2015 年又迎来了一波大牛市。

经济的周期是不可避免的，就跟人性是很难改变的一样。所以，规律其实一直存在，只不过比较隐晦。因此，巴菲特告诉大

---

❶ 熊市下跌探底阶段，是指在熊市（即股市长期下跌的市场环境）中，股价经历了一段时间的持续下跌后，达到一个相对较低的价格水平，并在此处出现企稳或反弹的现象，这一阶段通常被投资者视为市场可能即将发生反转或至少暂时止跌的信号。

家："太阳底下没有新鲜事！"

在今天，我们遇到的每一件事，都可以在历史上找到相似的身影和痕迹。历史不会重复完全相同的事情，但是历史会不断地重复它的规律。

芒格经常强调自己一辈子只做两件事：一件是发现什么是有效的，然后坚持去做；另一件是发现什么是无效的，然后坚决避免。

大家都知道，没有人能洞悉股票市场的所有风向，但我们更应该学习如何利用规律。

每个投资人都处在周期之中。周期发生初步逆转的时候，并不一定有明显的讯号告知大家，尤其是当一些投资者抱有主观偏见，无法理智看待市场节奏的时候。

那些有严重路径依赖，相信钟摆将永远朝着一个方向摆动，或者永远停留在端点的人，最终一定会损失惨重。只有了解钟摆行为的人才会受益。因此，我们需要学习知识，需要融合资源，需要心性理智。

拥有一颗平常心

> 芒格常常告诉大家："别愚弄你自己，而且要记住你是最容易被自己愚弄的人。"

约翰·邓普顿认为，一个合格的投资者要学会对投资始终保持正面的态度。

虽然股市会回落，甚至会出现股灾，但是我们不应该失去信心，因为从长远来看，股市始终是会回升的。只有乐观的投资者才能最终在股市中获得胜利。

在市场节奏比较动荡的情况下，好公司的股价也是会下跌的，有时候甚至会大幅度下跌。但从另一个角度来看，这又往往是重要的投资机会。所以，我们需要保持一颗平常心，乐观生活，耐心等待。

耐心，是一种人格力量，是一种相信事物会变得更好的态度，耐心等待是一种积极状态下的等待。很多时候，"等"这个字听着浪漫，但对经历者来说却很煎熬。然而，真正的投资，是一定需要耐心等待的，因为时间维度与空间幅度是同等重要的。在另一个方面，保持平常心也意味着稳定的情绪。

在巴菲特的投资生涯里，他非常善于利用市场为自己寻找投资机会。

在他眼中，投资市场上，投资者情绪的力量往往比理性的力量更为强大，贪婪与恐惧往往促使股价与企业股票的内在价值产生更大的差距。如果投资者不能控制自己的情绪，那么其手中的钱越多，就越容易从猎人变成猎物。

事实上，聪明的投资人不会预测市场走势，而是会利用这种市场情绪来获益。

巴菲特会坚持自己的投资理念，只要不因为股市波动而在不当的时机做出愚蠢的行为，就很难受到伤害。一旦市场先生给出确切的投资机会，投资者一定要好好把握。

尽管乐观、耐心与稳定的情绪都是投资者必不可少的品质，但投资是一件长久的事情。从宏观来看，保持平常心最重要的是要有"一切如常"的意识。"一切如常"，在拉长的时间里看，是对周期的信任。

霍华德·马克斯有一句非常著名的话："你可以什么都不相信，但你必须相信周期。"

人生就没有一帆风顺的，所有的投资都有起落，但都遵循一定周期，我们至少可以多看看自己的方向和环境，去认识自己的生活本质，追问到意想不到的答案。而且，周期还会告诉我们，要如何从历史桩桩件件事例中学习经验教训，从而更好地把握未来。

事物都有周期，都有周期内的发展过程。周期和过程的内涵一个是时间，另一个是耐心，我们想要什么，并不是直接就能得到什么。欲望越大，所需要的时间成本越多，所需要的能量就越大。比如想成为世界首富，想建立一家有潜力的公司，想培养一个能成为国家栋梁之材的子女……都需要漫长的过程，慢慢积累，慢慢培养。

掌握事物的规律，摸清市场变化的周期以及自己人生的周期，

然后耐心等待，将所有的事物都以平常心看待，能让我们更好地
达成自己的目标。

划重点

● 总是纠结于牛市和熊市是不对的，投资人应该坚持按照周期
规律制订自己的投资计划。

● 面对周期，我们不要用情感，而要用理智来判断。当你没有
了太多先入为主的看法，平常心看待时，你才能够更冷静更
从容地遵循规律和尊重事实。

第七章

chapter 7

真律　寻找投资

最简单的投资最有效

> 巴菲特有一句经典的言论："我一直在寻找一尺高的栅栏，而不是十尺高的栅栏。"

在我刚进入投资行业的时候，我的总经理曾告诉我股票是一个"帝王的游戏"。我当时不以为然，觉得一两万就能参与的游戏，这"帝王"也太不值钱。

后来发现这个"帝王"是指心理的乾坤。从某种角度来看，股票投资是一个心理博弈游戏，每个人的竞争对手永远是自己的认知、眼界与格局。在本质上，人性的弱点才是影响交易获利的真正障碍。譬如想赢怕输的心理过于极端便会导致交易在执行过程中彻底变形。

后来，我在证券公司上班的时候，又听到了一个"任何人都可以从事投资"的观点。

在某些人的眼里，投资的原则是很简单的，简单到你只需要明白，当你买一只股票时，你就是在买这家公司，你就可以做好投资了。

因为投资的确是一件当你把资金投在你真正懂的东西上，投在真正能为你赚钱的公司上时，你就拥有了一个"捡金子"机会的事情。

投资看似非常复杂，牵涉到许多的知识体系，而且还在不断变化。但众多投资大师都认为，投资应该删繁就简，回归本源，抓住本质的东西。譬如明白自己把钱给了谁，拿钱买了哪家公司的股权。

正如巴菲特所说的那样，真正伟大的投资理念常常用简单的一句话就能概括。

平凡才能成就不凡

> 巴菲特直言："投资并非智力竞赛，智商高的人未必能击败智商低的人。"

很多人都认为，巴菲特能在股票投资上取得如此巨大的成就，背后一定有一套非常人所能掌握的高深莫测的理论。

但实际上，巴菲特的成功主要得益于他长期坚持的投资理念，这个理念最大的特点就是简单和理性。在巴菲特眼中，复杂的问题有时可以用最简单的方式来解答。

身处风云变幻的股市中，最需要保持绝对的理性。因为最值得依赖的判断工具永远是那些很平凡很质朴的经营常识。芒格认为他的处世之道就是扔掉"太难"，抓住"简单"。

有一句话被芒格提及很多次："我们的投资理念非常简单，简单到无论我们重申这种理念多少次，人们还是会不断询问投资到底还有哪些秘诀。"

其实，如果硬说他有什么投资秘诀，那就是通过不断努力保持不犯过于愚蠢的错误。

芒格和巴菲特能成功，不是因为他们善于解决难题，而是因为他们善于远离难题。在某种意义上，他们只是找简单的事做。这种简单，不是那种泛泛的简单，而是思维提升后的返璞归真，专注于做大概率事件的简单。

如芒格和巴菲特一样，很多富人之所以能够获得巨额财富，就是因为他们拥有超前的眼光，能跳出当下的世界。这也说明了，平凡成就不凡，可以通过很普通的事情赚到大钱。

人生成功其实特别简单，坚持做对的事、难的事、需要时间积累的事。因为走正道，路越走越宽。兜兜转转一圈，就会发现很多行业的新手大多在练习高难度东西，而高手都在坚持练基本功。

"简单"下的底层逻辑

> 巴菲特："芒格和我不是在选股票，我们是在选商业模式和企业。我们持有股票是基于我们对企业长期业务表现的预期，而不是拿来作为交易的工具。"

2020 年时，巴菲特曾公开指出，连续 40 年每年回报 20% 的投资只存在于梦想之国。

他认为，投资人在寻找机会时，要懂得只找最吸引人的机会进行投资，这就是投资人的机会成本。

就投资的本质而言，这场投资游戏并没有发生什么变化，所以他认为所谓"现代投资组合"理论非常愚蠢。

很多时候，真正能让我们取胜的，其实是最核心的底层逻辑，也就是我们的选择。譬如芒格强调的，钓鱼的第一条规则是，在有鱼的地方钓鱼。钓鱼的第二条规则是，记住第一条规则。他们认为，在没有底层逻辑和真实效能的情况下，一个人再怎么努力都没用，就像你去鳕鱼已经被钓光的地方钓鳕鱼结果肯定是空手而归。

巴菲特曾经调侃，利率会影响股市估值中枢。如果你将钱存在银行就可以拿到十几二十个点的利息，炒股票就显得傻里傻气了。

芒格也曾用一句话概括伯克希尔的投资秘籍："我们只会一

招，就是从市场上获取使用成本低于 3% 的浮存金，然后把这些资金配置到能够产生 13% 超额利润的优秀企业，并一直重复这一动作。"

巴菲特说，他每年只需要有一两个好主意就够了。他试图模仿了不起的击球手泰德·威廉斯——泰德·威廉斯之所以成功，是因为他能耐着性子等待好打的慢球。巴菲特也是这样想的，投资是一场没有"好球带"的棒球游戏，你只能等待属于你的全垒打。

投资是不断探索的过程。优秀的投资者，大部分时间都在等待那"一两个好主意"。

扔掉"太难"，抓住"简单"

> 芒格不止一次表示："凡事简单想，认真做。"

我的基金经理告诉我，他年少时投资总想着"妙手"，喜欢用奇。但随着年龄和阅历的增长，他现在只想着做好"本手"，守正。

学过围棋的人都知道，"本手、妙手、俗手"是三个围棋术语。"本手"是基础，"妙手"是创造，"俗手"是挫折。

许多初学者热衷于求妙手，希望练就必胜绝技。但善于下棋的人都懂得这样一个道理：善弈者通盘无妙手。

那些真正精于棋道的人，往往一整盘棋都不显露精妙绝伦的一招或者力挽狂澜的一手，而是按照下棋规律稳扎稳打，一步步坚实向前推进，最终水到渠成赢得胜利。

巴菲特就是把"极简投资"做到极致的人。他认为，投资中最紧要的是弄清什么事是重要的、可知的。如果一件事是不重要的、不可知的，那就直接放弃不管。他甚至从不研究宏观问题。他在决定买不买一家公司时，也从来不把他对宏观问题的感觉作为依据。

除此之外，巴菲特一直尝试从简单的产品里寻找好生意。他不断寻找简单的生意，只要公司很容易理解，当前的经济状况良好，管理层德才兼备，他就能大概看出来它们十年后会怎样。

巴菲特还认为，要关注最重要的，遗忘剩下的。因为时间才是成功的关键，要学习放弃太难的东西，将时间花费在眼下你认为最重要的事情上面。

他同时也告诫所有投资人：真正的聪明人，都有清晰的"不为清单"。

巴菲特的"不为清单"有：不被过多因素影响投资决定，不追求短期回报最多的股票，不只投资一个领域，不能自卑及妄自菲薄，不让别人决定生活的目标。

总的来说，就是保持简单，远离"噪声。"

—— **划重点** ——

- 投资应该删繁就简，回归本源，抓住本质的东西。

- "简单"下的底层逻辑是选择，而选择就是"在有鱼的地方钓鱼"。

- 投资最紧要的是保持简单，远离"噪声"。

"把鸡蛋放在一个篮子中"

在投资上，巴菲特常常教导投资者："把全部的鸡蛋放在一个篮子中。"

《史记·孙子吴起列传》有一篇田忌赛马的寓言故事，田忌采用谋士孙膑的策略，巧妙地运用兵法思想，最终取得了胜利。

从某种角度来说，田忌赛马告诉我们：你起码得有三匹马，才能有更大的可能赢得比赛。

通读《孙子兵法》全文我们会发现，全书的核心观点都是不败思维，永远都要拿出最大的资源，去争取最小的目标胜利。也就是讲"集中"的力量。

集中的本质在于了解，在于认知，认知的变现在于执行。

虽然做事要认知先行，并不断改变自己的各种认知。但"知"不是"行"，没有行，真实的改变并不会发生，人还在以往的命运里挣扎。

最后的落点一定是行动，即真实面对自己的亲身体验，实修、证悟，以自己的体验作为成长的核心。

关于集中还有一个解释：尽管股票投资是通向财富自由的道路之一，但大多数人应将精力集中于自己擅长的领域，将投资事务交予有能力的专业人士，更有利于自身利益的最大化。

当业余股票投资人亲自管理股票投资失败时，常常会面临双重损失：一损失金钱，二损失时间。那些伴随着本金损失而流失的时间，本可以用来成就另一番事业。

最优投资策略：集中投资

> 巴菲特指出："最优投资策略就是集中投资。"

很多人认为，在投资领域，规避风险的最佳方法是分散投资，即"不要把鸡蛋放到一个篮子里"。

然而，巴菲特却在很多场合表明：要想得到好的收入，必须做集中投资。

他本人的核心投资策略就是价值投资、集中投资、长期持有和不跟风。

集中投资最简单的解释就是"把全部鸡蛋放在一个篮子里"，然后，小心地看好它。

巴菲特的集中投资并非指持有单一股票，而是围绕着浮存金、复利、专注三个关键因素，谨慎布局，耐心等待。

巴菲特的集中投资策略可以提炼为三点：集中投资于最优秀的公司，集中投资于你熟悉的公司，集中投资于风险最小的公司。

巴菲特一生当中有很多次集中投资，甚至多次投资某一股票达到 100% 仓位。

巴菲特建议投资人学会集中和等待。他多次强调，一年一个主意就够了。如果一有钱就乱投的话，早晚会碰上一个"亏大钱"的项目。有合适的股票就买，没有就耐心等待。

价格合理的股票不一定非买不可，因为根据巴菲特的观点，其实只有价格不太合理的时候才是机会。

有时候可能会等得很难受，尤其是在大牛市的时候。巴菲特说过，投资最难的事是什么都不做。但如果你想真正获得投资成功，或不至于在股市亏钱，那就应该管好自己。

为什么不提倡"分散投资"？

> 集中兵力是最简单的战略，也是最高的战略。
> ——卡尔·冯·克劳塞维茨（Carl von Clausewitz）
> 德国军事理论家

关于分散投资，巴菲特认为，对于职业投资者，如果对自己有信心，建议高度集中。对于不懂投资的普通人，则建议高度分散。

芒格的看法是，人生就是一连串的机会成本。如果你把精力花在试图预测未来的每一件事上，那么你就试图做太多的事情，最终会因为缺乏限制而失败。因为分散投资只会让自己太忙，容易草率决策。只有专注于少数优质企业，创富之路才会一马平川。

从近几年公开的巴菲特持股数据中可以看出，苹果公司股票占巴菲特总持仓的四成多。

众多基金经理被这个仓位惊呆了，尽管大家都知道，巴菲特从来都是喜欢集中投资的，但这么庞大的体量，还这么高度集中地买股，真的十分不可思议，巴菲特却偏偏敢这样做。

因为，想要获取超额收益，就是要看得准，要敢重仓，还要拿得住。

好机会不易找

> 巴菲特在提到"把鸡蛋放到一个篮子"理论的时候，还表示："鸡蛋放在一个篮子里，并看好它。"

巴菲特认为，由于集中投资的股票数量较少，实现盈利的概率较高，但同时亏损的概率也很高。因此，对于坚持集中投资的投资者来说，最关键的环节就是概率估计。一旦估计有误，很容易造成不可估量的损失。

在投资中，概率的运用可以提高下注的准确性，降低投资风险。可惜的是，不是每个投资者都可以准确地计算出自己的概率，而且投资也并不是让投资者成为桥牌高手。

巴菲特的方法是，用亏损概率乘以可能亏损的数量，再用收益概率乘以可能收益的数量，最后用后者减去前者。在巴菲特的投资生涯中，他一直在努力寻找保证概率估计的确定性的方法。

芒格认为把股票分成"价值股"和"成长股"荒谬至极。在他的眼中，所有靠谱的投资都是"价值投资"。他认为，好投资不好找，所以更应该集中在那些少数几个好的上。

在芒格眼中，投资界永恒的真理是，基本的数学、基本的赛马感觉、基本的恐惧及对人性的基本判断，使得我们有可能预测人们的行为。

他调侃道，投资这个游戏的玩法是：始终留在这个游戏里，盯住了，在稀有的机会出现时，抓住它。

站在投资的角度，芒格始终很清楚，能准确找到少数几个机会（低风险高回报）已经足够。

划重点

- 集中投资就是"将全部鸡蛋放在一个篮子里",然后,小心看好它。

- 分散投资视情况而定,视人而定,但顶尖高手更偏向于集中投资。

- 好机会不易找,如果找到了,抓住它,把"鸡蛋"都放进去。

复利的力量

巴菲特在谈及复利时表示："复利是世界第八大奇迹，不到必要时候，别去打断它。"

据巴菲特所说，他对复利的理解来自他小时候看的一本书——《赚 1000 美元的 1000 种方法》。

这本书告诉他，如果现在有 1000 美元，每年增长 10%，5 年就能超过 1600 美元，10 年就能变成 2600 美元，25 年内将超过 10800 美元。从此之后，"复利"如同种子一样，埋在了巴菲特幼小的心灵上。

复利就是我们常说的"利滚利"，是一场"0.99 的 365 次方等于 0.03，1.01 的 365 次方等于 37.8"的游戏。

巴菲特曾多次强调复利的作用。他认为，复利就像滚雪球一样，雪球自身体积越大，在地上滚一圈，沾上的雪花也就越多。

巴菲特的成功在于他坚持投资，坚持做自带复利的投资。他懂得利用投资的力量，复利的力量，发挥边际效益的最大值，懂得"做一件事，产生 N 倍回报"。

譬如浮存金，就是预先收取之后再支出的资金。巴菲特认为，如果利用收取和支出之间的时间差去投资，就能做到一本万利。其代表行业就是保险业。

因此，巴菲特在接手最初是纺织公司的伯克希尔·哈撒韦后，逐步将其转型成了一家主要从事保险业务的领先投资管理综合集团。

其实从执行层面上来讲，实现"复利"可以分成两部分。

第一部分是找到"利"，也就是通过研究分析、经验判断，找到能创造价值的企业。

第二部分是实现"复"，将第一部分得出的盈利模式，重复、重复再重复。

当两部分重合时，复利就是最好的投资武器。

找到"利"

爱因斯坦曾说："复利是世界上第八大奇迹，它的威力甚至超过了原子弹。"

关于巴菲特坚持的价值投资，市场上也有很多声音认为，巴菲特 99% 的财富都是 50 岁以后才挣到的。他们甚至得出结论：价值投资赚钱慢，所以必须先通过投机快速富起来。

但他们忽视了，这 99% 的财富都是在积累过程中不断通过倍数增长，最终得到的"爆发式"回报。这一回报的丰厚程度是难以想象的。

此外，复利的可怕之处在于，只要选择正确，就一定会有收获。

这可以追溯到其公式上。经济学家用一个公式表达复利效应：$(1+r)^n$。r 代表你正在做的事，n 代表时间。只要 r 为正，即你在做的正确的事，会为你带来奇迹。

譬如投资具有长期持续竞争优势的卓越企业，投资者需要做的只是长期持有，耐心等待股价随着公司成长而上涨。

因为巴菲特说，股市是一个不断重新定位的地方，在这里，钱会从活跃者手中流向耐心者手中。他认为，在股票投资中，一直持有股票的长期投资人的收益，要远远超过那些频繁买进卖出的短期投资人。

巴菲特还在一封写给合伙人的信中提到，手段与目的绝不能混淆，目的只能是税后的复利收益率最大化。

巴菲特多次强调，投资的长期目标是税后复利收益最大化，他的标准不是追求短期的账面盈利最大化，他的目标是追求长期的净资产值最大化。

实现"复"

> 芒格曾表示，生活中有一条最朴素的道理：做对了，重复做。

生活就像是滴水穿石，简单，重复。

投资也是一样，要懂得把好的选择重复，在重复中感受每一次的不一样，把自己熟悉的领域做好。

彼得·德鲁克说过一句话："人们往往高估了一年所能够取得的成绩，而大大低估了三十年、五十年所能取得的成绩。"

很多人都想要追求短期内的暴富，渴望短时间内拥有印钞机似的赚钱能力。但是他们却不懂时间积累的威力。

巨额财富，往往需要数十年如一日、一点一滴地积累，苦行僧一样的坚持。

法拉第也曾强调："只有靠意志和坚持的人才能实现理想，这是我最宝贵的人生经验。"

大部分的时候，人们都觉得懂变通才是聪明灵巧的表现。因为人们总是喜欢追求最优选择，但是追求最优选择的结果却常常事与愿违。其实，过分强调灵巧聪明的人，往往是最不懂得坚持和重复的力量的人。

我请教过很多成功的投资人关于其成功的原因，他们的答案有很多，其中共同的一点是：确定有用的事情，就重复去做，投入所有资源去做。他们认为要成大事，就不怕枯燥，要耐得住烦，不要三心二意，不要总想尝试新的事物。

巴菲特的复利思维归根结底只有 12 个字：不断复制，不断积累，加速成功。

正确的事情只做一次，对整个人的生命轨迹来讲，往往没有什么大用。只有把正确的事情融入骨髓，变成你流淌的血液，成为你的习惯，才能持续为你的人生助力续航。

复利是世界最神奇的事物之一

> 巴菲特表示："全世界最厉害的力量叫做想象力，但最恐怖的力量叫做复利，复利可以让你的钱越变越大，大到你无法想象的地步。"

复利的力量取决于两个因素：时间的长短和回报率的高低。这两个因素的不同会使复利带来的价值增值有很大不同。

芒格常常感叹，如果既能理解复利的威力，又能理解获得复利的艰难，就等于抓住了理解许多事情的精髓。

运用复利神奇的效能，能使投资以可观且极富戏剧性的比率增长。

我一直认为巴菲特成功的关键在于见识，在于远见。穷人和富人差距最大的不是物质，而是认知和信息差。

抛开复利是否真实有效可行，仅仅从选择和远见的角度为自己的信仰坚定投资的人，大多涨也快乐，跌也快乐，怎样都能随缘而转，随遇而安。毕竟，挣钱是一个见天见地见自己的过程。

值得一提的是，复利还可以用于学习成长，用于自我提升。巴菲特说，每天阅读 500 页，你会发现知识是如何起作用的，它的威力就像是复利。

虽然"从 0 到 1"的过程特别考验人，但总是"从 0 开始"是一件非常恐怖的事情，这等于完全不考虑复利，一直在起点起跑，尤其是同时更换行业和专业时。期望用"从 0 开始"来获胜，相当于把未来寄托于运气，而非实力。

复利的积累就是实力的构建。我们构建的专业知识，眼界提升，商业认知的积累，都有复利。

划重点

- 找到税后复利收益率最大化的企业，追求长期的净资产值最大化。
- 确定有用的事情，不断复制，不断积累，实现复利。
- 复利的积累就是实力的构建，也可将复利思维用于自我提升。

长期主义

> 巴菲特指出：持有股票不是短期的事情，而是长期的决定。

让我们再回顾一下亚马逊创始人与巴菲特之间的对话。

亚马逊创始人："你的投资策略实在太简单了，为什么没有人复制你呢？"

巴菲特："因为这个世界上没有人愿意慢慢变富"。

巴菲特之所以能够成为投资大师，很大程度上是因为他战胜了自己，战胜了人性，选择了长期主义。

投资是时间与金钱的游戏，更是人性的角逐。收益曲线的震荡和逆转，背后是人性的贪嗔痴，都是选择。不同的选择，都有权衡，都有为达到目标而必须放弃的东西。

投资之道，大道至简，小术无常。

股市就是这样涨涨跌跌，当看得太近太短，过程会特别煎熬。

所以，不管你怎么做，你的逻辑性都要强，而且还要数十年如一日地忠于自己的投资体系。

葡萄牙作家、诺贝尔文学奖得主若泽·萨拉马戈（José Saramago）有一句名言：答案在最需要的时候总是不肯出现，而很多时候唯一可能的答案却是你必须耐心等待。

在很多角度，高手都是长期主义者。

长期主义 Step1：耐心

> 巴菲特说："我人生的巨大财富来源于两个字——耐心。"

人是不能走捷径的，想要成大事，一定要肯下笨功夫。功夫的背后是时间，真正的成长是急不得的，要慢慢来。

沃伦·巴菲特喜欢说"投资简单，但不容易"也有这方面的原因，因为对于大多数投资人来讲，你得忍受慢慢变富的过程。

很多时候，成功需要的不是大量的行动，而是大量的耐心。

哪怕平时自己跟自己玩，也必须坚持原则，只有这样，等到机会来临时，才有能力去抓住它们。

在芒格的认知里，耐心可以克制人类天生爱行动的偏好，可以帮助投资人避免多余的交易和摩擦成本。而他自己在进行买卖的时候也非常有耐心。据芒格自己所说，他宁愿显得愚蠢，也不愿意毫无耐心地随大流。

由耐心引申出来的"费斯汀格法则"也是芒格比较关注的。

费斯汀格法则是一个心理学术语，由美国社会心理学家费斯汀格（Festinger）提出，指的是生活中的 10% 是由发生在你身上的事情组成，而另外的 90% 是由你对所发生的事情如何反应决定。

芒格时刻牢记这一法则，并告诉众多的投资人，不要陷入自怜的情绪中。因为嫉妒、怨恨、仇恨和自恋都是灾难性的思想状态。过度自怜可以让人近乎偏执，偏执是最难逆转的东西之一。

有时觉得，炒股赚钱的秘诀是选股严谨加上持股耐心。流水不争先，争的是滔滔不绝。有时，慢就是快。"耐心"是相信事情会变得更好，是一种积极状态下的等待。

投资也是一种财富再分配系统。它将金钱从那些没有耐心的人身上夺走，并分配给那些富有耐心的人。

正如巴菲特强调的：如果你不愿意拥有一只股票十年，那就不要考虑拥有它十分钟。

世有非常之功，必待非常之人。

长期主义 Step2：坚定

彼得·林奇曾说："坚定信心是选股成功的关键。"

对很多投资人来讲，投资是投未来、投合作，是要享受有些领域的被动收益。

如果非要享受"做事"的本能，硬是要把躺平享受的事情变成自己赤膊上阵拼杀，最后的回报还不如银行存款利息高，那只能说明你还不够自知和敬畏。

芒格说："如果你买了一个价值低估的股票，你就要等到价格达到你算出来的内在价值时卖掉，这是很难算的。但是如果你买了一个伟大的公司，你就坐那儿待着就行了。"

好多股民都买到过卓越公司的股票，但是没拿住。而巴菲特持有比亚迪 13 年间，股价曾经从 8 块涨到了 80 块，再从 80 块跌到了 12 块，他也不为所动，正因如此他才迎来了比亚迪股价突破 300 块的高光时刻。所以，最终的至高利益往往属于坚定持有者。

从投资角度来看，巴菲特认为，如果我们有坚定的长期投资期望，那么短期的价格波动对我们来说毫无意义，除非它们能够让我们有机会以更便宜的价格增持股份。因为坚定，所以巴菲特从来不曾有过自我怀疑，也从来不曾灰心过。

巴菲特认为，寻找便宜、长期业绩好的洼地，做更长期的投资，才能够赢得更从容。

我们都知道，只要投资就有风险。巴菲特多次强调，如果你不能承受股价下跌 50%，那么你就不应该投资股票。

他认为，投资人需要具备信心，坚定自己的选择，才能在市场波动时保持冷静，最终获得收获。

投资过程难免会遇到困难，越是困难的时候越要相信自己，越是要慢下来，不能慌张。

其实就某个角度而言，无论是股市投资还是其他方面，你最终要赢的是你自己。

无论这个市场是冷冷清清，还是熙熙攘攘，你都要冷静地慢慢向前。

除此之外，要多读大师写的书，只有认知水平提高后，一个人的研判水平、投资胜率才会高。也许学到最后，你还能自成体系，有坚定的交易原则和操作纪律。知道还会跌，所以会继续等；知道还能涨多高，所以会耐心拿。

那时，我们的内心就会很轻松。

长期主义 Step3：长远

巴菲特多次坦言："我能有今天的成就，离不开长远的思考。"

在市场刚经历过大幅波动时，总会有人问我要不要买股票。

我想起我刚入行的时候，公司一位特别知名的分析师告诉客户：如果你着急用钱，就卖；如果你不着急用钱，就全留着。

投资者如果在意短期得失，必败。

芒格说："四十岁之前没有真正的价值投资者"。他认为，投资者最少要有十五年市场投资经验的积累，才有可能真正明白投资的真谛。正所谓，尽日寻春不见春，芒鞋踏遍陇头云，归来笑拈梅花嗅，春在枝头已十分。

巴菲特特别强调："股票投资者要有长远眼光。"

人经常会做错的决定，因为错的决定往往会给人带来短期回报。但实际上，不是脚踏实地建立起来的东西，就无法作为精神和物质上的支撑，往往还会带来更多不确定的因素。

学习与成长在本质上不仅是为了看见眼前的几棵树，更重要的是为了拥有看到整片森林的能力。

遗憾的是，我们都习惯于回避复杂、无序和矛盾的东西，将知识孤立化、碎片化、简单化，最终导致缺乏全局观。

但也不必过于担忧遗憾。就像芒格所说的，如果我们一直在对的道路上，又能把事做好，我认为我们就不必担心未来。

═══ 划重点 ═══

● 投资也是一种财富的再分配，富有耐心的人才能赢得财富。

● 市场不免会有波动，而投资者需要具备信心，坚定自己的选择，才有所收获。

● 投资者如果在意短期得失，必然失败，有长远眼光才能成功。

第八章

chapter 8

最重要的事

先知道，后得到

未经思考的努力，才是我们贫穷的根源。

——《富爸爸穷爸爸》

巴菲特一直认为，投资最大的风险来源于自己的未知领域。他认为我们所赚的每一分钱，都是对这个世界认知的变现。正如诺贝尔经济学奖得主罗伯特·默顿（Robert Merton）所说："你可能在不懂金融体系的情况下变得很有钱。但是如果你已经很有钱了，还不懂金融，你的钱就会离开你。"

人的认知是有阶段的。95% 的人处于第一个阶段，即"不知道自己不知道"；第二个阶段是"知道自己不知道"；第三个阶段是境界更高的"知道自己知道"。

人与人之间的不同，真正追溯至源头，不过就是每个人大脑里"安装的软件"不同。

人生所有收获，都是高认知带来的红利。认知匮乏和不够理性，都容易不断挖坑给自己跳。

而好多投资"大咖"的认知里都在传递一个信息：在这个市场，你的对手，你的敌人，就只有你自己。如果你能够战胜自己，那么距离取得胜利已经很近了。

"别自己骗自己"

> 我们有两种预测者：无知的人，以及不知道自己无知的人。
>
> ——约翰·肯尼斯·加尔布雷斯（John Kenneth Galbraith）
>
> 美国经济学家

正如我前文分享的那个意味深长的小故事。一位妇科医生回到母校向老师报告说，自己毕业以来从未有过医疗事故。然而，导师却淡淡回道："你做的手术还是太少了。"

其实，我们所有人都是这样，有些时候觉得自己正确，可能是因为知道的少。

每一个新手总是在取得初步胜利的时候洋洋自得，觉得自己找到了发财的直通车。

而实际上，在200年的金融历史中，贪婪和恐惧一直在循环往复。

大多数普通投资者总是在身边人都在热烈谈论股市的时刻盲

目入场，而在股市跌到冰点时匆忙离场。这种错误的出入场时机导致股市成了财富的收割机。

约翰·洛克菲勒从不相信失败是成功之母，他只相信信心是成功之父。在他的眼中，一个人的想法决定其行为，行为决定了习惯，习惯影响性格，性格决定命运。

如果想成功，就得取得持续性的胜利。因为，胜利是一种习惯，失败也是一种习惯。

巴菲特也多次指出，很多投资人的多数行为是习惯使然。

真正的人生挑战，是去挑战自己的习惯，挑战自己的惯性思维，挑战自己已经固定的思维模式，挑战自己还未被自己觉察到的潜意识，然后树立好的习惯。

约翰·洛克菲勒不喜欢找借口。他认为，借口是失败的根源，人们 **99%** 的失败都是因为习惯于寻找借口。

想想确实如此，很多人以为没开始跑步，是因为缺一双好的跑鞋；以为没开始写作，是因为没买一台好的电脑；以为没开始幸福生活，是因为没有装修好房子……

但其实，所有的"以为"，都是为自己无力行动找的一个具象化借口。

芒格提醒大家，想问题的时候，既要考虑在你之上的人看到的是什么，也要考虑在你之下的人看到的是什么。

此外，还要时刻对比自己能做到什么，别人能做到什么，你需要始终坚定地保持理性，特别是别自己骗自己。

"知道自己在做什么"

巴菲特："如果你在错误的道路上，奔跑得再远也没有用。"

芒格认为，投资风险主要来自你不知道你在做什么。

不要试图成为非常聪明的人，而是要持续努力避免做傻事。

了解自己能力的独特优势很重要。要做到这一点，关键是关注自身，而非在与他人的对比中得出结论。

如果你认为你比别人知道得多，你就会惹上麻烦。

芒格认为，思维模型会给你提供一种视角或思维框架，从而决定你观察事物和看待世界的视角。

每个学科都是从一个独特的角度切入去了解这个世界，正因为有自己独特的研究方向，才能成为独立的学科。

在芒格的眼中，术业有专攻。好的投资需要耐心和野心，同时也要对自我有清晰的认知。

既要心态开放，多学习不同思维的东西，克服自己的短板，实现非凡的成就。又要有清楚认知，弄清楚自己有什么本领，保持主场优势，避免贸然介入别人玩得很好而自己一窍不通的游戏里。

真知，才能行不难

> 芒格："沿着正确的方向，找到正确的路，不要怕慢。"

越来越多投资"大咖"也开始像巴菲特一样强调，投资最大的敌人不是市场，而是自己。

要想达到交易的最高境界，需要突破人性的弱点，克服交易的恐惧，这样才能在交易时不受任何情绪的影响。

但我一直认为，好心态的基础是"知道"和"会"。"知道"和"会"是基础。最典型的案例是，一个不会游泳的人掉进河里，只有好心态，还是有危险的。所以，做交易时，专业的知识、技能、游戏规则、行业动态，都需要清楚知道，缺一不可。

芒格认为，知道自己不知道，也是知道的一部分。他常常讲，知道自己不知道什么，比成为聪明人有用。

用芒格的话，他这一辈子就研究两件事情，一是研究什么行不通，什么导致失败，我避免做这件事；二是研究什么行得通，什么有效，我坚持下去。他表示："我花了更多的时间在研究什么行不通上。"

芒格一辈子在找有效的策略，把这些有效的策略提炼出来，有效的策略就是思维模型，也就是我们说的"知道"。

很多人把"真知"定义在"术"的层面。但是，做行业分析报告的人都知道，同一组数据和事实，怀着不同目的分析，就可以打扮和包装出完全不同的结论。所以芒格认为，数据和事实当然重要，但更重要的是把它们放到恰当的理论结构中去看，只有在合理的理论结构下进行解释，它代表的意义才会更可靠。

芒格强调，这种理论结构要来自多个学科、不同角度，并且尽可能来自基础的学科理论。这样获得真实信息的成功概率就会更高——这就是多元思维模型，也就是"真知"。

所有投资人都知道"要控制交易的情绪"，这并不是一句空话，因为控制情绪需要在了解交易系统和资金管理的基础上进行。譬如，投资时不害怕、不恐惧的基础是"知道"，是清楚了解交易系统，明确资金管理。

单从价值投资的角度讲，芒格认为他所有的努力都有一个重要的隐含前提——寻找长期的确定性。

据说，聪明的富人会精确计算做每件事的风险与利益，而愚蠢的人只会发泄情绪。

当一个投资人开始真的拥有股权思维、安全边际思维、"市场先生"思维以及能力圈思维，他的投资人生才真正开始。

因为，一道胜万术。

划重点

- 借口是失败的根源，别自欺欺人。

- 知道自己，突破自己，扭转那些因短线判断而造成的与预期相反的结果。

- 清晰地知道交易专业的知识、技能等，建立多元思维模型，获得"真知"。

知行合一

李光耀曾经说过："永远搞清楚什么是有效的，然后去做。"

我在孩子们读的书上看到过一段故事。

一个偷牛贼被抓，县太爷给他三个选择：一是罚银十两，二是打二十大板，三是吃两斤牛粪。

那个偷牛贼心疼钱，又嫌粪臭，自恃年轻力壮就选择了打板子，结果打到一半实在受不了就改成吃牛粪，吃了两口全吐了再也吃不下，最后还是交了十两银子……

这个故事隐晦地讽刺了世人，很多时候，一个人走的弯路太多，只是因为他总想不付出代价，总想走捷径。

假如你认同人是会犯错的，那么你的投资策略里就要为自己保留犯错的余地，不杠杆交易，不过度重仓单一个股或行业。若你认为就长期来看，运气是一种偶然性的东西，就不要想着去赌一把运气。

人生如修行，而修行是知行合一。真正走出来的投资人，都是跨越了"知道"和"做到"之间鸿沟的人。

一个人知行如果无法统一，知道的越多，内心的冲突则越大，痛苦也越多。因为，知道太多的知识，又懂了太多的道理，自己却一点都做不到，自己对自己也无能为力，这样的人就是世上最痛苦的人。

实际上，做不到的"知"，皆为"伪知"，是"只知其一 不知其二的"知""。

芒格是这样定义"知行合一"的。他认为，有些事情就算能做，而且做了不会受到法律的制裁或者不会造成损失，也不应该去做。每个人都应该有一条底线，心里应该有个指南针。

当一个投资人可以跳出当下看世界，简单想，认真做，他就会更加纯粹，做事也能更加简单高效。

我们要学会在知中行，在行中知，千锤百炼，最终知行合一。

首先定下规则

> 巴菲特是这样看待规则的：遵守纪律，严格执行自己制定的投资原则。

在我研究巴菲特后，发现他有挺多投资原则的。譬如说，找出杰出的公司、少即是多、押大赌注于大概率事件上、耐心、接受短期价格波动……再譬如他认为现金永远不是好的投资，要投资于生产性资产；要在能力圈范围内投资；要理性选股，对公司进行充分评估；遇到机会要大胆出手，不要浪费机会……

特别值得敬佩的是，他真的能够做到自己定下的这些原则和纪律。

曾有人专门对不同投资人进行长期追踪，最终发现，大多数成功的投资人眼中都有明确的规则和纪律，而那些失败的投资人眼中只有侥幸和怀疑。

在巴菲特看来，**遵守纪律，严格执行自己制定的纪律原则标准，是改正错误、进行有利可图的交易的前提。**

值得一提的是，所有投资均有亏损的风险，尽管定下了规则，我们还是要有好心态做基础，面对亏损一定要有正确的态度。如果面对损失不能有一个正常的心态，那么长期投资就很难取得更好的投资效果。

在投资市场，没有原则的"聪明人"总是企图紧跟市场，灵活变动，因为这样做会让他们心理负担最小。但实际上，成功的投资都是"反人性"的。企图灵活变动，只会让自己处于"东一椰头、西一棒子"的状态，最后竹篮打水一场空。

我常常讲交易要有信仰。交易的信仰就来自你有一整套可以信赖的操作纪律，你明白自己为什么买，还知道如果买错了该怎么办。因此，制定规则的意义十分重大。那些重要的、可控的东西，往往是回归本源，是最成体系的东西。

知方向，才得成长

> 约翰·洛克菲勒说："目的是驱动我们潜能的关键，是主导一切的力量，可以影响行为，可以激励我们找到达到目的的手段。"

巴菲特一直强调，变富不在于你有多么努力，而在于认准方向。

所以，在别人幻想着一夜暴富的时候，巴菲特却在计算十年后的收益；当别人拿金钱赌明天的时候，他却在耐心等待着后天的机会；当别人凭情绪冲动盲目决策时，他却在认真地做着调查研究的工作。

能做出这些决定和行为，一方面因为他有着超乎寻常的冷静和智慧，另一方面是因为他有了清晰的方向，并选择坚持下去。

方向有大也有小，有曲折的，也有顺利的。有时候我们要正视现实，不必用什么鸡汤来欺骗自己，说什么人生可以顺利的谎话。因为生活的困难，永远没有办法避免。

要走好人生这条路，就不能把自己困在困境里，而要能够始终确认自己的方向——脚踏实地的方向。有了正确的方向，人生才能得到实质性的成长。

你注视着怎样的方向，就会走上怎样的道路。错误的道路，即使顺利，最终也会毁掉你的生活。

芒格认为，人和人之间的差别，并不在于当下所处的境地，更多是在于一个人所注视的方向。

树立正确的人生方向，养成好的做事态度和方法，才是一个人一生里最卓越的投资。

行动，方有成就

芒格："踏踏实实去做事，就是把你的时间用正确的事塞满。"

我一直将芒格和巴菲特当作人生榜样，除了敬重他们的江湖地位、财富及影响力，更多的还是敬仰和尊重他们的三观。

譬如，我非常认同芒格关于人生活法的观点。他认为，人应该活得充实，要多做一些实事，不该满脑子的大道理……他认为人生的道理很简单，配得上拥有什么，基本上才能真正拥有什么。

踏踏实实，一步一个脚印，坚持不懈地长期努力，才是人实现真正持续成功之道。

芒格多次提醒年轻人，小进步常常难以觉察，因为它往往出现在不经意间，但大进步总是源于长期坚持，源于每一天的努力。

因为感到自己不如他人而难过，又或者因为自己做不好该做的事而自责，也许是年轻人绕不过去的坎。但如果把目光放在成长进步上，就不会感到空虚。去追求更多的智慧，专注于完成手头的工作，不断改正曾经的错误，就不会给空虚留下位置，就能够让自己获得越来越好的生活。

投资这门生意，不管是认知还是资金量，都是有一定门槛的，否则投资者容易养成急功近利、恣意妄为的坏习惯，最终导致赔本赚吆喝。

因此，在交易中，最根本的信仰或认知就是"知行合一"。

投资者要能够了解自己的个性和认知盲区，要能实事求是地评估自己的优势和劣势，还能够把所有的交易计划完完全全执行到位，在交易的逆境中不恐惧，在交易的顺境中不贪婪，才能真正做好交易。

做人不把"没钱""没时间"挂在嘴上；做投资不把"赚了""亏了"挂嘴上。因为在有限的时间和金钱内推进事物的前进，是我们自己的责任。

生而为人，就是要勇敢地经营自己的人生。

划重点

● 遵守纪律，严格执行自己制定的纪律原则。

● 始终确认自己人生的方向，然后选择坚持下去。

● 脚踏实地并专注地完成你的任务，做到"知行合一"。

最大的投资是投资自己

芒格说："要得到你想要的某样东西，最可靠的办法是让你自己配得上它。"

学习是一项非常靠谱的投资。据统计，一个人受教育时间每增加一年，平均收入就能提升 8%。同时，受教育会使人更聪明，越聪明就会越注重学习，形成自我提升的良性循环。

因此，对于那些不满意自身收入的人来说，最快捷的致富手段就是让自己聪明起来。要首先投资自己的大脑，而不是连游戏规则都不明白的时候，就在资本市场博弈，等于主动献祭了自己微薄的资产。

想要钓到鱼，我们不能贸然拿起鱼竿，而要先学习钓鱼的知识，了解钓鱼的注意事项。否则，就是白白让鱼吃了饵，不会有什么收获。

想要做成事情，准备是很重要的。很多股民在毫无准备的情况下就入市，这种做法，在芒格看来是极其幼稚、不负责任的。

属于每个人的重大机会都不多，我们一定要让自己在机会来临时有能力抓住它。

芒格一直在强调学习与成长的重要性。他认为，生活中那些发迹之人并非都是最聪明的人，有时甚至不是最勤奋的人，不过，他们一定都是会学习的人。

芒格的人生信条特别清晰，排第一的就是：永远不要停止学习。因此，他非常注重知识的积累。他一直告诫众人，要持续不断地学习，培养良好的判断力，才能更好地理解世界，抓住机会，匹配上自己想要的东西。他本人一直坚持阅读各种类型的书籍，从不同的领域和角度学习，从而培养自己多方位的思考能力，以便更好地应对人生中的各种挑战。

巴菲特也将大量精力用于自我投资，他常年阅读，曾经在奥马哈公共图书馆度过了 4 年。他认为，我们要不断培养自己，找到自己感兴趣的东西，并且不断提升自己的能力。

有人问巴菲特："超级通胀下应该买哪只股票。"

他是这样回答的："目前通胀情况下，最好的保护方式就是投资自己。不管遇到什么情况，个人的才华是不会受到通胀压力的。"

的确，一个人最大的资产就是自己。年轻的时候，我们要多思考，培养良好的生活习惯，才能让自己生活得更好。并且，在不断成长的过程中，我们会一步步意识到自己的潜力比当下拥有的能力还要大得多。

另一方面，投资未来的自己相当于进行一项机会成本最可控、效果最持久、最高效的投资。把时间、金钱和精力投入个人成长中，进化成为更好的自己，我们就能得到更好、更持久的回报。

去得到工具箱，而不只是一把锤子

> 芒格在学习上曾表示："你必须知道各学科最重要的知识点，并不断实践它们。"

智者之所以能够海纳百川，有容乃大，是因为其内在具备丰富的认知。

在有些人的认知中，九的正确计算方式是"五加四"，于是，他大声叫喊别人"二加七等于九"的计算方式是不对的，这就是一种认知上的局限。

当我们逐渐接纳自身的局限，补充知识体系，了解到有很多计算方式都能算出九之后，就能够包容和理解不同的事物，并想要通过学习继续丰富自己的认知。

可惜的是，大多数人一生只能学成一个学科，然后试图用一种方法来解决所有的问题。芒格调侃这一行为道："在手里拿着铁锤的人看来，世界就像一颗钉子。"

　　芒格本人特别提倡"多元思维模型",强调去获得工具箱,而非只得到一把锤子。他认为,如果人只能使用一到两个思维模型,有时会扭曲现实,直到现实符合自己的思维模型为止。当一个人的头脑里没有足够多的思维模型时,他看到的世界也不会太大。

　　而"多元思维模型"会给我们展示很多看问题的角度和解决问题的路径。

　　"多元思维模型"构成主要分为三步:首先在头脑中积累一些跨学科的相关经验,然后将相关学科知识在头脑中形成逻辑框架,最后将知识和经验结合,组成多元的思维模型。

　　我们完全可以将其运用到日常生活中。譬如,尽量学习更多跨学科的知识,尽量掌握更多的思维技巧,让知识在我们的头脑中形成多种思维框架,并在未来的日子里自发地运用它们。

　　如果我们能够做到这一点,总有一天,会在不知不觉中意识到:我已经成为同圈层里最有效率的人之一了。

做一个终身学习者

　　芒格非常热爱终身学习,他曾表示:"如果不终身学习,你们将不会取得很高的成就。光靠已有的知识,你们在生活中走不了多远。在我认识的成功投资者中,没有一个不是坚持阅读、热爱阅读的人。"

芒格认为，在他漫长的一生之中，没有什么比持续学习对他的帮助更大。他说："我们要持续不断地学习，才能培养良好的判断力。"

现在的企业家必须把坚持学习、获得智慧当成一种道德责任。因为仅仅靠已有的知识，很难带领团队获得更加满意的收益。特别是经济萧条之后，赚钱变得越来越难，很多人的行动开始没有章法，胡乱折腾，这样做的后果就是加速失败。

市场生态一直是不断变化的，要用发展的眼光看问题，唯有不断地学习，才能不断地适应。

芒格提到："如果说文明只可以凭借一种先进的方法不断进步，那一定是'学会学习'的方法。"

他和巴菲特读书之多，令人吃惊，他们甚至被自己的孩子们戏称为"一本长了两条腿的书"。

巴菲特甚至强调，不断学习是投资的最佳保障。要想适应和战胜市场的风云变幻，就必须持续不断地学习价值投资和长期投资的理念，只有这样才能更好地避开股市陷阱，降低投资风险。

他评价现在的自己时说，自己比40年前更懂经商，虽然原则没有变，还是格雷厄姆那一套，但是对于投资的判断力更加精准了。

是什么让他有底气说出这样的话？当然是因为他不断学习，获取到的知识——就是他根本的支撑。

想要成为一个好的投资者，我们必须擅长用成长思维看待事物。因为本质上，没有一家公司是永恒的，任何公司都会有兴衰更替，即使企业管理者有才华又勤奋。

商业世界和自然界是相似的，很多物种都会消亡，都在遵循自然界的规律。以柯达公司为例，即使胶卷相机曾盛极一时，最终也被数码相机所取代。

在当时，柯达公司一直自傲于自己的专利产品，不学习进步，而其竞争对手却通过不断学习，积极转型，成功在市场更替中存活下来。尽管柯达现在还是世界领先的胶卷制造商，但是仍然没能避免逐渐淡出公共视野的结局。

这告诉我们，持续学习不仅关乎成长，有时甚至关乎生死。

划重点

● 如果不满意自己的现状，那就找准一个目标，持之以恒地学习。靠自己的路虽然很苦，但却是最可靠的路。

● 我们可以通过学习更多的知识建立起自己的多元思维模型。认知越全面，我们就越有选择的机会，每学习掌握一个工具，就多得到一个迈向更大世界的机会。

● 持续学习，是提升认知的核心路径。投资的大环境越来越难，想要保证财富保值和升值，我们需要持续学习，持续思考，做一个终身学习者。

保持敬畏

立身之道何穷，只得一敬字，便事事皆整。

——《围炉夜话》

在投资行业混迹多年后，我越来越能理解投资大师们为什么这么强调"敬畏"二字了。特别是在挑选合作伙伴的时候，我现在也总会远离没有敬畏心的人。

其实这一点都不难理解，因为，真正有能力的投资行业工作者一个比一个谦虚，在股市生存的时间长了，他们都有敬畏之心，知道人外有人，天外有天。

投资市场中的每一个人都不是等闲之辈，在这个场域中，最忌讳自作聪明，忌讳先入为主地假定自己比对手拥有天然的优势。

芒格认为，应该成为一个理性客观的人，这才是人生最重要的追求。人活着，不能自己欺骗自己，即使不喜欢残酷、客观的现实，也应该承认现实。所以我们才会看到芒格专门琢磨如何否定自己。在他看来，很多时候，我们甚至连自己都会欺骗，所以应该采取一些预防措施，对自己的观点也要提高警惕。因为，人们都倾向于努力维持积极的想法，无论自己的想法有多么的愚不可及。

大脑会自欺欺人，常常会出现一厢情愿的思想碎片，让我们产生误判的倾向。正因如此，在投资中，当我们身处顺境时，往往会更加疯狂、乐观，而在逆境中，则会更加低迷、苦痛。

《少有人走的路》的作者 M·斯科特·派克（M. Scott Peck）把心理健康定义为：不惜任何代价、不间断地致力于面对真实。

人们确实都讨厌听到坏消息，或者与他们现有观点和结论相悖的内容，如果有些事情令自己痛苦了，就会首先设法否认现实。

然而，为人处世，我们需要拥有一颗强大的内心，保持敬畏，而不要常常陷入自身的"骄傲"与"美好"里。

君子之心，常怀敬畏。从字面上理解，"敬畏"包括两种情感，一是尊敬，二是畏惧，因敬生畏，因畏致敬。凡善怕者，必身有所正，言有所规，行有所止。

在投资中的"敬畏"，就是知道自己所不知道的事情很多，靠自己一方的能力解决不了的事有很多；承认运气的作用、时代的作用，承认不确定性和不可评估的风险；对常识和周期怀有敬畏之心。

　　保持敬畏，尊重市场，尊重常识，我们才能坚持做长期正确的事，获得长期的成功。不要做给自己挖坑的投资行为，日积月累的正向积累才能更好地实现变富目标。

人外有人

> 善战者，胜己败之敌也。

——《孙子兵法》

　　我自己的孩子，在家是有些怕他父亲的。因为他父亲总是一副严肃的表情，沉默的时候更显严肃。我和我先生提过孩子可能会不与他亲近，他却说："孩子在家还是要有一个怕的人。"我觉得他在诡辩，但是劝而不听，也就作罢了。

　　我的一位清华好友，是教育界的老前辈，她的教育理念里就有"敬畏"两个字。当时我还不解，为什么她不教孩子"勇敢、果断、自信"这样的品质，而是教孩子"敬畏"。后来我才明白，"知怕"也是一种教育方式。一个人还是要知道"怕"的。

　　怕不安全，所以过马路才会小心谨慎，看好红绿灯，看好车，不会闯红灯，也不敢说笑追逐着过马路；

　　怕自己沉迷网络，影响学业和人生，所以每次拿到手机都浅尝辄止，不敢尝试放纵；

怕生态的破坏，亦怕大自然的反噬，所以尊重自然，敬畏所有生命；

……

所以，"怕"确实是一种力量，知"怕"，做事才会谨言慎行；知"畏"，做人才能自立自强，遵守道德。

2022 年黑石集团的"爆雷"，导致硅谷银行也被"引爆"，美国持续加息，这颗雷终于先在美国本土引爆，令人唏嘘。这起"发生在自己地盘的危机"让人更加清晰地明白，哪怕是拥有最强的头脑的人也是有局限的。

我曾经经常和同事调侃，A 股市场专治各种不服。所以，承认自己的无能为力也是对于市场最真实的敬畏。

只有认识到自己的局限性，才能坦然面对错误，面对亏损，明白偶尔的亏损是交易的正常组成部分；面对"爆雷"，应明白自己对于世界的理解还远远不够，明确自己的战略定位，戒骄戒躁，戒恐戒贪。

《孙子兵法》里提到，擅长战斗的人，其实只是战胜了已经失败的敌人。因为没有人能够打败别人，反之，也没有人能打败自己。失败的人，都是自己败的。

在兵家思想中，兵法并不是战胜之法，而是不败之法，我们应该做到不被别人打败，却做不到百分之百战胜别人。

一个明智的人，往往明白自己的认知局限，不会用自己"半瓶子晃荡"的知识储备去挑战别人的专业。

天外有天

> 君子有三畏：畏天命，畏大人，畏圣人之言。
>
> ——《论语·季氏》

在我特别年轻的时候，总是很相信人的力量，觉得人定胜天，只要想，只要努力，就没有自己不能的事情。而且觉得，当下的自己之所以还不够成功，是因为还不够想，不够努力。

随着经历的事情变多，经验的积累，我开始越来越敬畏大自然的规律。也开始明白，大自然的规律，某种程度上，是我们的"基因"。

无论是投资还是人生，我们都无法得到确定性，身处复杂的系统之中，我们只能努力去适应。一方面，要接受这样的风险是常态；另一方面，也要未雨绸缪，提前做好应对准备。

子曰，君子有三畏：畏天命，畏大人，畏圣人之言。小人不知天命而不畏也，狎大人，侮圣人之言。

意思是，君子应该敬畏上天的意志（自然规律），敬畏德高的王公大人，敬畏圣人的言论。小人不知道上天的意志，因此他不畏惧，他轻慢德高的王公大人，蔑视圣人的言论。

虽然巴菲特曾经说他只关注股票背后公司的实际价值，甚至不看股票的涨落。但是我们，尤其是企图长期持有某一只股票的人要明白，对于股票市场永远要心存敬畏，不能陷入经验主义的陷阱之中。

芒格最知名的华裔弟子李录曾经说："在我投资生涯的二十六七年里，每过几年都会遇到一次'百年不遇'的大危机。作为一个投资人，不经历几次净值跌 50%，生涯都不完整。而且大崩溃往往会创造出一些投资的机会。最终你会发现一生中赚得最多的钱都是从这里面出现的，但是当时你并不知道。"

巴菲特也多次强调自己并不是先知，既没有办法预期市场走势，也不懂复杂的技术分析。但是他的优势就在，不管他的王冠多么耀眼，他总会对市场保持敬畏心，敬畏自己的能力圈，只做时间的朋友。

我们要做的事很简单，那就是：敬畏趋势，敬畏规律，敬畏自己的局限。

有时候我会觉得，股票投资就是一种情绪游戏，是一场人性觉察和买单的过程，贪婪和恐惧如影随形。

而那些长期盈利的人，一定是保持理智，情绪稳定，心存敬畏的人。

划重点

● 保持对世界的敬畏，才能够在谨慎的思考中不自大，不犯大错误，不欺骗自己而失去客观性。

● 每个人的能力都是有限的，但我们可以保持对于世界的敬畏，扩展自己的认知。

● 人人都知道股票市场的大趋势不好预测，但是其中有周期，我们如果保持对于周期的敬畏，就能从中受益匪浅。